U0931323

画说 食品安全法

指导：中　国　食　品　报　社

中国法学会中国特色社会主义法治理论研究会

编辑：中国食品报社食品安全法律服务中心

中国反腐倡廉发展史编纂委员会

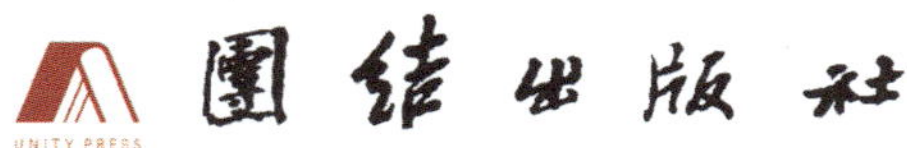

图书在版编目（CIP）数据

画说食品安全法 / 中国食品报社食品安全法律服务中心编 .
-- 北京 : 团结出版社 , 2020. 5
ISBN 978-7-5126-7867-5

Ⅰ. ①画… Ⅱ. ①中… Ⅲ. ①食品卫生法—中国—图解 Ⅳ. ① D922. 16-64

中国版本图书馆 CIP 数据核字 (2020) 第 070986 号

画说食品安全法

出　版：团结出版社
（北京市东城区东皇城根南街 84 号　邮编：100006）
电　话：（010）65228880　65244790
网　址：http://www.tjpress.com
E-mail：zb65244790@vip.163.com
经　销：全国新华书店
印　装：北京协力旁普包装制品有限公司
开　本：250mm×260mm　12 开
印　张：26
字　数：260 千字
版　次：2022 年1 月　第2 版
印　次：2022 年1 月　第2 次印刷
书　号：978-7-5126-7867-5
定　价：480.00 元

要贯彻食品安全法，完善食品安全体系，加强食品安全监管，严把从农田到餐桌的每一道防线。要牢固树立安全发展理念，健全公共安全体系，努力减少公共安全事件对人民生命健康的威胁。

——习近平总书记在全国卫生与健康大会上重要讲话

《画说食品安全法》画册编委会

前言

QIAN YAN

以习近平同志为核心的党中央高度重视我国的食品安全工作，作出一系列重要部署。习近平总书记多次对食品安全工作作出重要指示，反复强调确保食品安全是民生工程、民心工程，是各级党委、政府义不容辞之责。要牢固树立以人民为中心的发展理念，坚持党政同责、标本兼治，加强统筹协调，加快完善统一权威的监管体制和制度，落实“四个最严”的要求，切实保障人民群众“舌尖上的安全”。

2019 年 5 月 20 日，党中央国务院发布了《关于深化改革加强食品安全工作的意见》。

2019 年 12 月 1 日，《中华人民共和国食品安全法实施条例》颁布施行。

为了贯彻落实《中华人民共和国食品安全法实施条例》，预防食品领域职务犯罪，引导食品行业市场主体增强责任意识，提高消费者食品安全科学素质和维权能力，营造浓厚的食品安全社会共治氛围，传播“尚德守法”正能量，引导广大公民增强维护食品安全的责任感和使命感，我们组织编写了《画说食品安全法》宣传画册这一普及性读本。画册严格依照《中华人民共和国食品安全法实施条例》修订后的版本，将法条和相关案例通过漫画逐条进行解析，图文并茂，生动形象，寓教于乐。既有法律的严谨性、科学性，又具有很强的知识性，艺术性和可读性。

2020 年新冠肺炎流行，为了提高公共卫生层面依法防控能力，推进国家治理能力现代化，在本书附录部分我们选编了部分法规，以期增强本书的时效性。

《画说食品安全法》由第十一届全国人大常委会副委员长陈至立、第十一届全国政协副主席陈宗兴担任总顾问，由最高人民检察院原常务副检察长张耕等领导同志担任顾问，中国食品报社社长黄国胜、中国法学会中国特色社会主义法治理论研究会秘书长崔红星担任主编，使画册更具权威性。编写过程中，我们始终坚持政治性、思想性，严谨性和通俗性的有机统一，力求简明扼要、务实实用。对推进新时代新形势下的食品安全工作规范化、科学化、制度化，具有重要意义。

该图册是一本十分实用的普法工具书，适合于各级党政机关、司法机关、行政执法机关、企事业单位、人民团体和广大热心食品安全工作的专家学者、各类院校及中小学学生阅读。在编辑出版过程中，得到了团结出版社及有关部门领导、专家的大力支持和帮助，在此一并致谢！

由于编者水平有限、经验不足，书中难免有疏漏之处，敬请同行专家和广大读者赐教匡正。

编者

目录

MULU

《食品安全法实施条例》图解

第一章　食品安全法实施条例 总则 …………………… 11

第二章　食品安全风险监测和评估 …………………… 23

第三章　食品安全标准 …………………… 33

第四章　食品生产经营 …………………… 45

第五章　食品检验 …………………… 97

第六章　食品进出口 …………………… 107

第七章　食品安全事故处置 …………………… 129

第八章　监督管理 …………………… 141

第九章　法律责任 …………………… 159

目录

附 录

附录一　中共中央国务院关于深化改革加强食品安全工作的意见 …… 198

附录二　地方党政领导干部食品安全责任制规定 …… 212

附录三　中华人民共和国食品安全法 …… 218

附录四　国家食品安全事故应急预案 …… 258

附录五　中华人民共和国野生动物保护法 …… 270

附录六　突发公共卫生事件应急条例 …… 283

附录七　国家突发公共卫生事件应急预案 …… 294

加强食品安全
共享健康幸福生活

第一章
食品安全法实施条例 总则
SHIPIN ANQUANFA
SHISHI TIAOLI ZONGZE
油
食品安全

中华人民共和国食品安全法实施条例

第一条

根据《中华人民共和国食品安全法》（以下简称食品安全法），制定本条例。

解读

民以食为天，食以安为先。食品安全关系人民群众身体健康和生命安全。习近平总书记强调，食品安全是民生工程、民心工程，是重大的政治问题、经济问题和公共安全问题，是各级党委、政府义不容辞之责，要把食品安全作为一项重大的政治任务来抓，要按照“四个最严”的要求，确保人民群众“舌尖上的安全”。

第二条

食品生产经营者应当依照法律、法规和食品安全标准从事生产经营活动，建立健全食品安全管理制度，采取有效措施预防和控制食品安全风险，保证食品安全。

2011年4月，上海市浦东区的一些超市的主食专柜都在销售同一个公司生产的三种馒头：高庄馒头、玉米馒头和黑米馒头，经过检测，这些染色馒头食用过多会对人体造成伤害。

《食品安全法实施条例》是为了保障食品安全法的全面实施而制定的，其中对食品的生产、保存等作出了监督管理的相关规定，旨在更有效地对食品安全进行控制，防止食品安全事件的发生。

国务院食品安全委员会负责分析食品安全形势，研究部署、统筹指导食品安全工作，提出食品安全监督管理的重大政策措施，督促落实食品安全监督管理责任。县级以上地方人民政府食品安全委员会按照本级人民政府规定的职责开展工作。

人们都对遭人唾弃的“XX奶粉事件”不陌生，在这一事件中，石家庄市市长XX、分管农业的副市长张某分别被撤职。“XX奶粉事件”符合致人死亡、危害人数众多、造成了重大社会影响的办案标准。

解读

食品是人类赖以生存和发展的物质基础，吃得安全、吃得放心是对食品安全的基本要求，是人民群众健康的保证。XX公司对奶源的收购和管理失职，最终酿成了重大的损失，遭到法律的严惩。石家庄市政府有关官员渎职失职，也受到了应有的政纪处分。

第四条

县级以上人民政府建立统一权威的食品安全监督管理体制，加强食品安全监督管理能力建设。

县级以上人民政府食品安全监督管理部门和其他有关部门应当依法履行职责，加强协调配合，做好食品安全监督管理工作。

乡镇人民政府和街道办事处应当支持、协助县级人民政府食品安全监督管理部门及其派出机构依法开展食品安全监督管理工作。

案例

2009年11月，"XX山泉""XX企业"两家公司生产的部分批次果汁饮品被海口市工商局检测出"含砒霜"，海南省工商局检测后认为初检结果有误，存在着程序不当的地方，因此未造成大的负面影响。

解读

应大力宣传食品安全常识，宣传遵法重信典型，引导广大群众提高食品安全意识，积极参与社会监督，营造全社会人人参与、共治共享食品安全的良好氛围。

第五条

国家将食品安全知识纳入国民素质教育内容，普及食品安全科学常识和法律知识，提高全社会的食品安全意识。

普及食品安全科学常识

提高食品安全意识

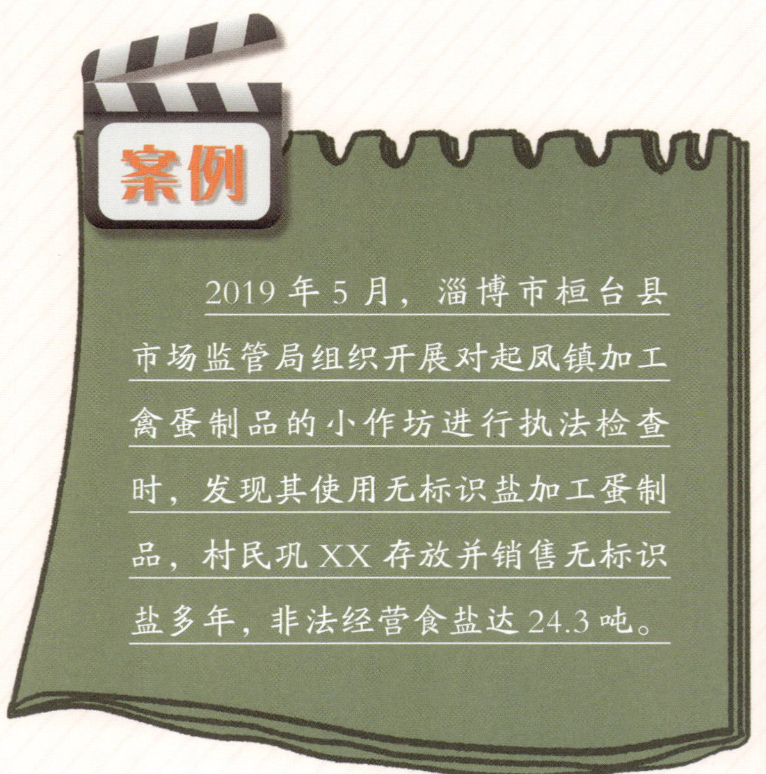

案例

2019 年 5 月，淄博市桓台县市场监管局组织开展对起凤镇加工禽蛋制品的小作坊进行执法检查时，发现其使用无标识盐加工蛋制品，村民巩 XX 存放并销售无标识盐多年，非法经营食盐达 24.3 吨。

解读

《条例》规定，县级以上地方人民政府统一负责、领导、组织、协调本行政区内的食品安全监督管理工作，普及食品安全科学常识和法律知识，提高全社会的食品安全意识。

中华人民共和国
食品安全法
伪劣食品

第二章

食品安全风险监测和评估

SHIPIN ANQUAN
FENGXIAN JIANCE HE PINGGU

第六条

县级以上人民政府卫生行政部门会同同级食品安全监督管理等部门建立食品安全风险监测会商机制，汇总、分析风险监测数据，研判食品安全风险，形成食品安全风险监测分析报告，报本级人民政府；县级以上地方人民政府卫生行政部门还应当将食品安全风险监测分析报告同时报上一级人民政府卫生行政部门。食品安全风险监测会商的具体办法由国务院卫生行政部门会同国务院食品安全监督管理等部门制定。

解读

经常开展食品污染及食品中有害因素监测，精心做好食品安全风险监测分析报告，逐级上报，并且动员社会力量齐抓共管，可以有效防范化解食品安全领域各类风险隐患。

案例

2010 年 12 月，一位消费者爆料，现在的火锅料多是“化学锅”，不仅很多涮品用了添加剂，火锅底料更是包含了多种化学添加剂。经过检测，“化学锅”主要由火锅飘香剂、辣椒精和火锅红等化学添加剂勾兑而成火锅底料，长期食用将危害人体健康。

第七条

食品安全风险监测结果表明存在食品安全隐患，食品安全监督管理等部门经进一步调查确认有必要通知相关食品生产经营者的，应当及时通知。

接到通知的食品生产经营者应当立即进行自查，发现食品不符合食品安全标准或者有证据证明可能危害人体健康的，应当依照食品安全法第六十三条的规定停止生产、经营，实施食品召回，并报告相关情况。

2010年1月，武汉市农业局在抽检中发现来自海南省英洲镇和崖城镇的5个豇豆样品水胺硫磷农药残留超标。水胺硫磷是一种高毒性农药，虽然没有蓄积中毒作用，但它能经由食道、皮肤和呼吸道引起人体中毒。

市场上经常见到一些天然、无公害、绿色、健康等字眼，却可能跟有机食品毫无关系，消费者要学会有更全面的认知。

第八条

国务院卫生行政、食品安全监督管理等部门发现需要对农药、肥料、兽药、饲料和饲料添加剂等进行安全性评估的，应当向国务院农业行政部门提出安全性评估建议。国务院农业行政部门应当及时组织评估，并向国务院有关部门通报评估结果。

案例

2016年9月，河南省畜牧局收到群众来信，举报惠民XX淘宝网店非法销售兽药，立即成立专案组进行调查。查获被举报的淘宝网店销售未经批准、无兽药生产和经营资质的企业兽药产品，涉案金额达250万余元。

国务院农业农村主管部门，不仅要对农药、肥料的安全性和有效性进行监管，还应当及时组织开展农药、肥料对土壤环境影响的安全性评价。

第九条

国务院食品安全监督管理部门和其他有关部门建立食品安全风险信息交流机制，明确食品安全风险信息交流的内容、程序和要求。

2011 年 3 月，重庆市工商局执法局突击检查了市内几家血旺加工厂，在九龙坡区一家没有任何手续的加工厂内，查获 2.5 吨用福尔马林浸泡的血旺。福尔马林被世卫组织定性为让人致癌和致畸形的物质。

食品生产与消费者间存在的信息不对称为食品安全带来一定风险，各级主管部门建立定期交流制度，明确交流的内容、程序和要求，有利于消费者正确理解风险，理性防范风险。

食品安全

第三章

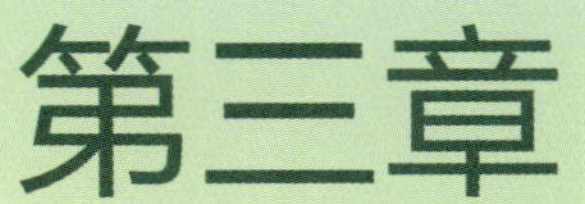

食品安全标准

SHIPIN ANQUAN
BIAOZHUN

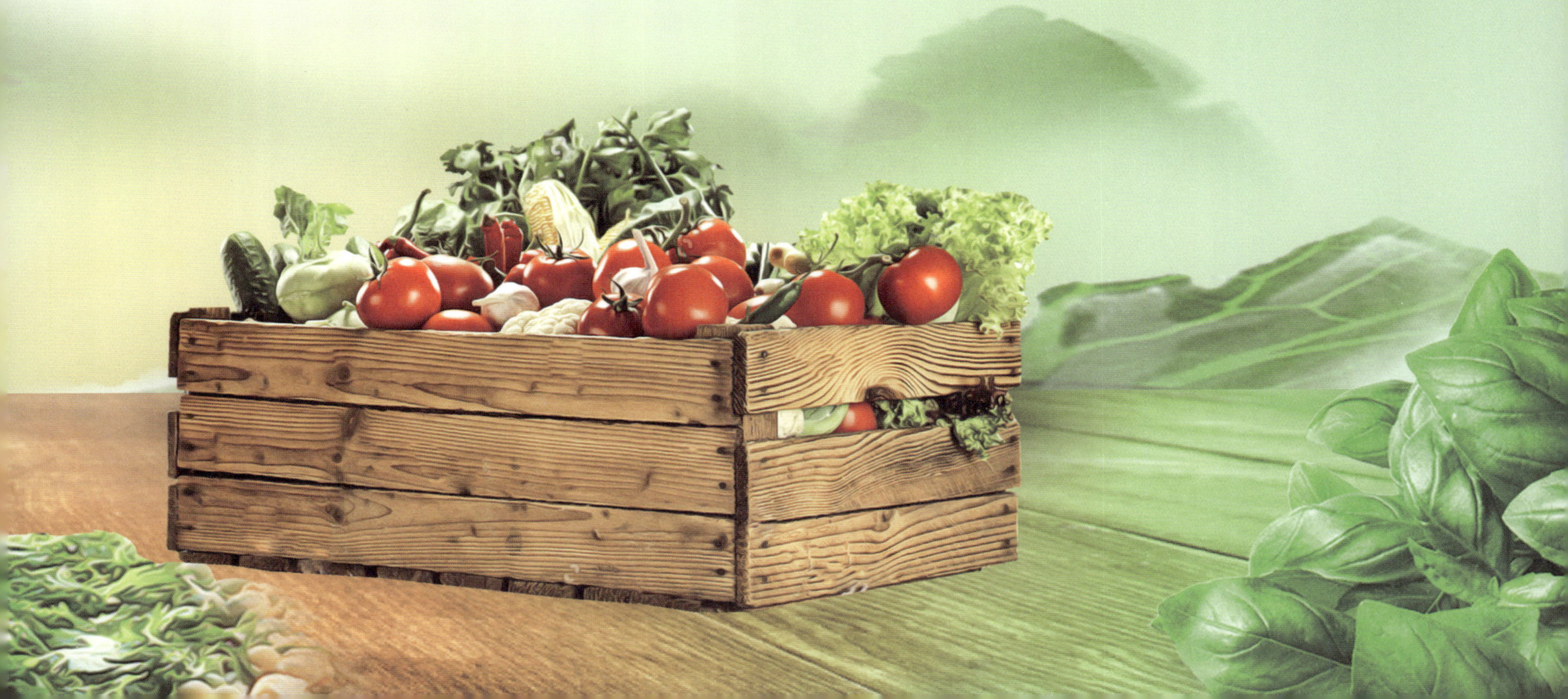

第十条

国务院卫生行政部门会同国务院食品安全监督管理、农业行政等部门制定食品安全国家标准规划及其年度实施计划。国务院卫生行政部门应当在其网站上公布食品安全国家标准规划及其年度实施计划的草案，公开征求意见。

案例

2018年4月，仙桃市公共检验检测中心的《检验报告》显示，当事人杨X加工销售的散装白酒被检糖精钠项目不符合食品安全标准要求，执法人员亲临现场对当事人加工销售超范围使用食品添加剂的行为给以处罚。

解读

食品安全标准是对食品安全生产流域各个环节所规定的统一技术要求，更是维护公众身体健康、保障食品安全的重要措施。

第十一条

省、自治区、直辖市人民政府卫生行政部门依照食品安全法第二十九条的规定制定食品安全地方标准，应当公开征求意见。省、自治区、直辖市人民政府卫生行政部门应当自食品安全地方标准公布之日起30个工作日内，将地方标准报国务院卫生行政部门备案。国务院卫生行政部门发现备案的食品安全地方标准违反法律、法规或者食品安全国家标准的，应当及时予以纠正。

食品安全地方标准依法废止的，省、自治区、直辖市人民政府卫生行政部门应当及时在其网站上公布废止情况。

2011年央视3·15节目报道，河南孟州等地养猪场采用违禁动物药品“瘦肉精”饲养，有毒猪肉部分流向XX集团下属的济源XX食品有限公司。医学研究认为“瘦肉精”属于肾上腺类神经兴奋剂，其肉可致人患瘤。

地方标准的制定是为了规范地方特色食品，与国家标准相违背的，地方标准应当及时纠正。特殊食品不属于地方特色食品，已发布有相应的国家标准。

第十二条

保健食品、特殊医学用途配方食品、婴幼儿配方食品等特殊食品不属于地方特色食品，不得对其制定食品安全地方标准。

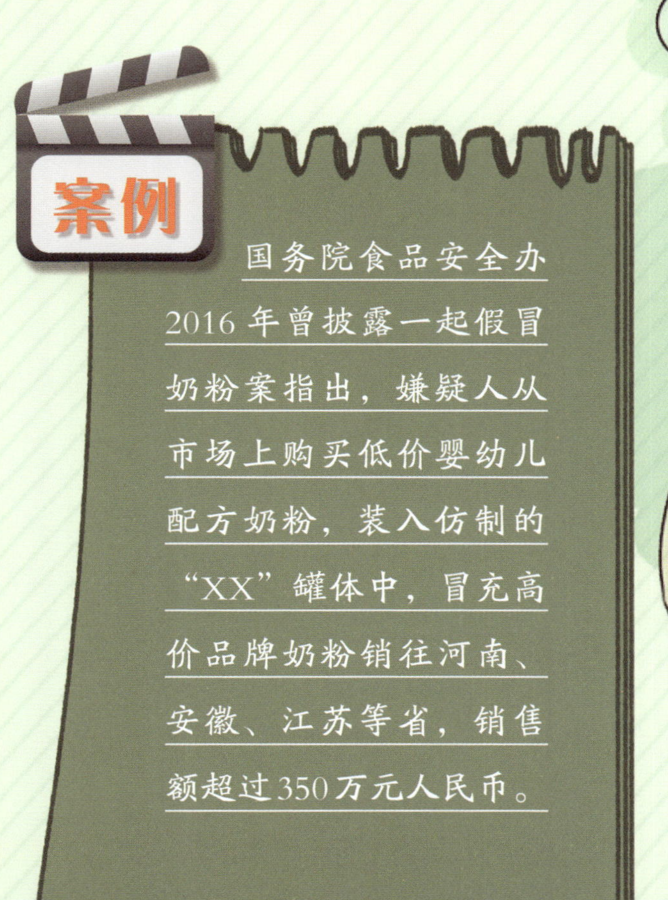

案例

国务院食品安全办2016年曾披露一起假冒奶粉案指出，嫌疑人从市场上购买低价婴幼儿配方奶粉，装入仿制的“XX”罐体中，冒充高价品牌奶粉销往河南、安徽、江苏等省，销售额超过350万元人民币。

解读

《条例》规定，禁止对保健食品制定地方标准。避免了产生地方标准之间的散乱差现象，从而保证了食品安全标准的统一性。

第十三条

食品安全标准公布后，食品生产经营者可以在食品安全标准规定的实施日期之前实施并公开提前实施情况。

案例

2019年7月，潍坊市市场监管局对山东XX食品科技有限公司进行现场检查，发现该公司生产的魔芋素肚片，脱氢乙酸及其钠盐不符合GB2760标准要求，产品标签不符合国家标准要求，检验结论为不合格。

解读

企业标准不具有强制性，不属于食品安全标准。上述案例可定性为“标签不符合本法规定”，应该依照《条例》相关规定进行处罚。

第十四条

食品生产企业不得制定低于食品安全国家标准或者地方标准要求的企业标准。食品生产企业制定食品安全指标严于食品安全国家标准或者地方标准的企业标准的，应当报省、自治区、直辖市人民政府卫生行政部门备案。

国家标准

地方标准

食品生产企业制定企业标准的，应当公开，供公众免费查阅。

案例

2011年2月，郑州市一些食品企业非法使用化工添加剂，一些粮油店也销售这类添加剂。不法商贩在面条中添加化工产品如食用胶、柠檬黄、蓬灰、复合磷酸盐等，以增强面条的筋度和弹性，被执法部门责令停止使用。

解读

企业标准公开意味着接受社会监督，倒逼企业“你追我赶”争上游，食品安全标准高的企业自然具备较强的市场竞争力。

?!
口渴说明
有效果了！
西布
曲明
减肥药

第四章

食品生产经营

SHIPIN
SHENGCHAN JINGYING

第十五条

食品生产经营许可的有效期为 5 年。

食品生产经营者的生产经营条件发生变化，不再符合食品生产经营要求的，食品生产经营者应当立即采取整改措施；需要重新办理许可手续的，应当依法办理。

2019 年 10 月，山东省微山县市场监管局联合县公安局对未办理食品生产经营许可证的陈 XX 非法生产凉皮、面筋行为进行了查处，陈 XX 数月内共生产凉皮 196000 斤、面筋 21840 斤，获利 56000 元。

执法部门在日常监督检查中，发现不符合食品生产经营要求的，应当责令立即纠正；对不再符合生产经营许可条件的，应当依法撤销相关许可。

第十六条

国务院卫生行政部门应当及时公布新的食品原料、食品添加剂新品种和食品相关产品新品种目录以及所适用的食品安全国家标准。

国务院对食品添加剂更新目录

对按照传统既是食品又是中药材的物质目录，国务院卫生行政部门会同国务院食品安全监督管理部门应当及时更新。

案例

2010年8月，媒体爆料山东市场上出现的“只需一滴，清水就能变高汤”的食品添加剂“一滴香”，以及“一滴香”麻油、“一滴香”芝麻酱等都是通过化工合成的，长期过量食用会危害人体健康。

解读

由于使用的食品原料不符合规定而被起诉的事件时有发生，具体原因包括使用非食品原料、使用法规不允许的原料、超范围使用食品添加剂等。

第十七条

国务院食品安全监督管理部门会同国务院农业行政等有关部门明确食品安全全程追溯基本要求，指导食品生产经营者通过信息化手段建立、完善食品安全追溯体系。

食品安全监督管理等部门应当将婴幼儿配方食品等针对特定人群的食品以及其他食品安全风险较高或者销售量大的食品的追溯体系建设作为监督检查的重点。

案例

吉林省食品药品监管局建立了追溯系统监管平台后，监管人员在办公室就可以了解某一批次食品在全省的流向，特别是通过系统的自动提醒功能，商家出现了过期食品，监管平台就会闪红灯，随之就会得到下架处理。

解读

执法部门通过对食品生产企业按照监督抽检的评定标准进行信用等级评定，可推动实现产品可溯源、安全可追踪、风险可管控、责任可追究。

第十八条

食品生产经营者应当建立食品安全追溯体系，依照食品安全法的规定如实记录并保存进货查验、出厂检验、食品销售等信息，保证食品可追溯。

2017 年 10 月，消费者反映在北京 XX 超市购买的德国“XX 千层面蔬菜泥”和“XX 通心粉奶油西兰花泥”产品标为婴幼儿罐装辅助食品，但配料表中含有洋葱，存在严重的安全隐患。经过食品生产厂家的追溯，法院审定后消费者获得十倍赔偿。

食品配料合规是食品安全的前置要求。食品企业只有熟知我国有关食品原料方面的标准法规，才能熟练使用符合国家规定的食品原料。

第十九条

食品生产经营企业的主要负责人对本企业的食品安全工作全面负责，建立并落实本企业的食品安全责任制，加强供货者管理、进货查验和出厂检验、生产经营过程控制、食品安全自查等工作。食品生产经营企业的食品安全管理人员应当协助企业主要负责人做好食品安全管理工作。

案例

2010年7月，三聚氰胺超标奶粉事件“卷土重来”，在青海省一家乳制品厂检测出三聚氰胺超标达500余倍。事件发生后，食品药品监督管理部门彻底查清其来源与销路，并依法追究了企业主要负责人的责任。

解读

加强生产经营企业对食品安全的问责制，加强消费者对食品安全的认识与监督、加强对食品安全的媒体监督和道德引导，是提高食品企业管理水平的有效措施。

第二十条

食品生产经营企业应当加强对食品安全管理人员的培训和考核。食品安全管理人员应当掌握与其岗位相适应的食品安全法律、法规、标准和专业知识，具备食品安全管理能力。食品安全监督管理部门应当对企业食品安全管理人员进行随机监督抽查考核。考核指南由国务院食品安全监督管理部门制定、公布。

2010年5月，央视《每周质量报告》节目曝光：售价上千元、用于养生保健的“天然紫砂煲”竟然是由普通泥土与化学物质混合而成。该企业最终受到惩罚。

大力宣传普及食品安全知识，提升从业人员的风险防范意识和规范操作意识，增强从业人员的法律素养和相关知识技能，是食品安全的保障。

第二十一条

食品、食品添加剂生产经营者委托生产食品、食品添加剂的，应当委托取得食品生产许可、食品添加剂生产许可的生产者生产，并对其生产行为进行监督，对委托生产的食品、食品添加剂的安全负责。受托方应当依照法律、法规、食品安全标准以及合同约定进行生产，对生产行为负责，并接受委托方的监督。

2018 年 8 月，执法人员依法对上海 XX 食品有限公司开展现场检查，审核该公司烘烤类糕点产品生产记录，查见配料记录中有“香芋色香油”“马利美膳”等字样，立即责令其停止烘烤类糕点的制作。该企业最终受到应有的处罚。

根据食品添加剂使用标准，执法人员判断 XX 食品公司使用含有“苋菜红”的香芋色香油生产烘烤类糕点，构成了超范围使用食品添加剂的行为。

第二十二条

食品生产经营者不得在食品生产、加工场所贮存依照本条例第六十三条规定制定的名录中的物质。

案例

2015年7月，温州市瓯海区食品药品监管部门联合公安机关对赖X超、蒋X全经营的卤味烤肉店添加违禁物质进行核实检查，现场查获混有罂粟粉的调味料和罂粟壳，因此被列入瓯海区食品安全黑名单并向社会公示。

《条例》规定，除了指定名录中的物质不能贮存外，还应当按照食品安全的要求贮存食品，定期检查食品，及时清理变质或超过保质期的食品。

第二十三条

对食品进行辐照加工，应当遵守食品安全国家标准，并按照食品安全国家标准的要求对辐照加工食品进行检验和标注。

2017年4月，江苏省常熟市出入境检验检疫局披露，国内一批经辐照处理的红曲米粉因不符合欧盟标准要求，缺少辐照标志，被意大利拒绝入境。

卫生部要求，使用辐照加工装置的食品生产企业具体负责本单位的放射卫生防护与安全，并接受省级以上卫生行政部门不定期的监督与检查。

第二十四条

贮存、运输对温度、湿度等有特殊要求的食品，应当具备保温、冷藏或者冷冻等设备设施，并保持有效运行。

冷库

冷藏车

XX 市一家专门生产冷鲜肉的公司将冷鲜肉卖给销售商贾 X，贾 X 认为秋天凉爽，只是把冷鲜肉放在常温柜里就可以。当他把这些肉送到超市之后，超市工作人员检验发现这些肉已经变质，拒绝接收。

解读

食品安全法规定，贮存、运输和装卸食品的容器、工具和设备应当具备保温、冷藏或者冷冻等设备设施，并保持有效运行，不得将食品与有毒、有害物品一同贮存、运输。

第二十五条

食品生产经营者委托贮存、运输食品的，应当对受托方的食品安全保障能力进行审核，并监督受托方按照保证食品安全的要求贮存、运输食品。受托方应当保证食品贮存、运输条件符合食品安全的要求，加强食品贮存、运输过程管理。

接受食品生产经营者委托贮存、运输食品的，应当如实记录委托方和收货方的名称、地址、联系方式等内容。记录保存期限不得少于贮存、运输结束后2年。

非食品生产经营者从事对温度、湿度等有特殊要求的食品贮存业务的，应当自取得营业执照之日起30个工作日内向所在地县级人民政府食品安全监督管理部门备案。

案例

2019年10月，齐齐哈尔市公安局破获一起制售有毒有害减肥食品案，现场查获减肥食品1700余盒、各类胶囊片剂44万余粒、西布曲明40公斤以及大量包材等物品。犯罪嫌疑人李X通过微信、物流方式销往各地，涉案金额达1亿元。

解读

《条例》除对食品生产经营者自身的责任进行规定外，还对委托业务的连带管理责任作出规定，体现了对全产业链食品安全监管的要求。

第二十六条

餐饮服务提供者委托餐具饮具集中消毒服务单位提供清洗消毒服务的，应当查验、留存餐具饮具集中消毒服务单位的营业执照复印件和消毒合格证明。保存期限不得少于消毒餐具饮具使用期限到期后 6 个月。

案例

2019年2月，天津市武清区市场监管局对一校外培训机构为学生提供用餐服务的行为进行检查，发现其没有《食品经营许可证》，但存在为学生及代课老师提供集体用餐行为，当即依据相关规定进行了立案查处。

解读

强化餐具、饮具集中消毒服务单位餐饮消费安全责任意识，及时开展服务单位专项卫生监督检查，是保证人民群众身体健康不受损害的有效途径。

第二十七条

餐具饮具集中消毒服务单位应当建立餐具饮具出厂检验记录制度，如实记录出厂餐具饮具的数量、消毒日期和批号、使用期限、出厂日期以及委托方名称、地址、联系方式等内容。出厂检验记录保存期限不得少于消毒餐具饮具使用期限到期后6个月。消毒后的餐具饮具应当在独立包装上标注单位名称、地址、联系方式、消毒日期和批号以及使用期限等内容。

2018年8月，天津市食品药品监督管理局发现一家餐饮服务公司存在清洗消毒餐具不合格行为，当事人当即被执法人员责令限期改正，并处以警告处罚。

解读

餐具、饮具集中消毒服务单位出厂的餐具、饮具未按规定检验合格并随附消毒合格证明，或者未在独立包装上标注相关内容的，县级以上人民政府卫生行政部门将依照食品安全法相关规定给予处罚。

第二十八条

学校、托幼机构、养老机构、建筑工地等集中用餐单位的食堂应当执行原料控制、餐具饮具清洗消毒、食品留样等制度，并依照食品安全法第四十七条的规定定期开展食堂食品安全自查。

承包经营集中用餐单位食堂的，应当依法取得食品经营许可，并对食堂的食品安全负责。集中用餐单位应当督促承包方落实食品安全管理制度，承担管理责任。

2018 年 10 月，上海市民办 XX 学校被曝食堂出现大量发霉变质番茄、洋葱食品，食物加工日期也涉嫌造假。涉事餐饮公司被立案调查，学校总校长等 3 人职务被免，引发了大众对学校食品安全问题的强烈关注。

全面落实学校食品安全责任制度，净化校园食品安全环境，强化学校食堂及校园周边食品安全监管保障，才能有效预防校园食品安全事件发生。

第二十九条

食品生产经营者应当对变质、超过保质期或者回收的食品进行显著标示或者单独存放在有明确标志的场所，及时采取无害化处理、销毁等措施并如实记录。

食品安全法所称回收食品，是指已经售出，因违反法律、法规、食品安全标准或者超过保质期等原因，被召回或者退回的食品，不包括依照食品安全法第六十三条第三款的规定可以继续销售的食品。

2010年3月，武汉工业学院教授何东平召开新闻发布会，建议政府相关部门加紧规范废弃油脂收集工作，称医学研究发现地沟油中的黄曲霉素强烈致癌，毒过砒霜100倍，从而引起了人们对食品安全的担忧。

《食品安全法实施条例》除明确了回收食品定义并规定相应处置方式外，还规定了对回收食品等应进行显著标示或者单独存放在有明确标志的场所等要求。

第三十条

县级以上地方人民政府根据需要建设必要的食品无害化处理和销毁设施。食品生产经营者可以按照规定使用政府建设的设施对食品进行无害化处理或者予以销毁。

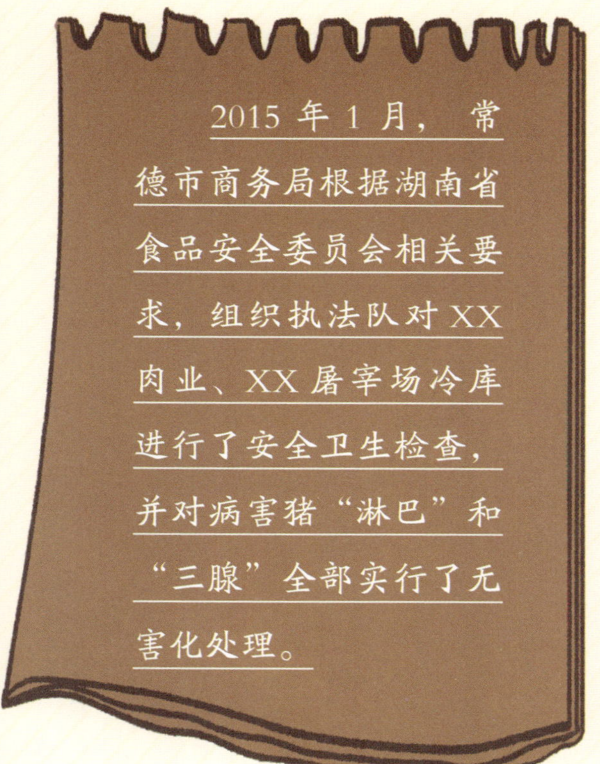

2015年1月，常德市商务局根据湖南省食品安全委员会相关要求，组织执法队对XX肉业、XX屠宰场冷库进行了安全卫生检查，并对病害猪“淋巴”和“三腺”全部实行了无害化处理。

在食品加工、饮食服务、家庭烹饪等过程中产生的食物残余和废弃油脂，一些厂家却把它回收提炼成地沟油，严重影响了食品安全和生态安全。

第三十一条

食品集中交易市场的开办者、食品展销会的举办者应当在市场开业或者展销会举办前向所在地县级人民政府食品安全监督管理部门报告。

2019 年 9 月，湖南省怀化市 XX 食品有限公司使用超过保质期的食品原料、食品添加剂生产的食品和食品添加剂货值累计达 19.30 万元，该公司法定代表人卢 XX 被依法判处有期徒刑六个月，并处罚金 30 万元。

食品展销会应集中宣传展示特色优质产品、功能食品、特色小吃等发展新成就，通过搭建特色产品投资贸易平台，打造地方名特优功能食品知名品牌。但应当在市场开业或者展销会举办前，向所在地县级人民政府食品安全监督管理部门报告。

第三十二条

网络食品交易第三方平台提供者应当妥善保存入网食品经营者的登记信息和交易信息。县级以上人民政府食品安全监督管理部门开展食品安全监督检查、食品安全案件调查处理、食品安全事故处置确需了解有关信息的，经其负责人批准，可以要求网络食品交易第三方平台提供者提供，网络食品交易第三方平台提供者应当按照要求提供。县级以上人民政府食品安全监督管理部门及其工作人员对网络食品交易第三方平台提供者提供的信息依法负有保密义务。

2016 年央视 3.15 晚会曝光了成都市锦江区的“XX 快餐”涉嫌未取得餐饮服务许可证，却在“XXX”网络平台上提供餐饮服务的违法行为，引起社会对网络销售食品安全的广泛关注。

互联网食品交易作为新兴的食品经营方式，给群众日常生活带来便利的同时，也带来了一些新问题。《条例》对互联网食品交易行为进行了规范。

第三十三条

生产经营转基因食品应当显著标示，标示办法由国务院食品安全监督管理部门会同国务院农业行政部门制定。

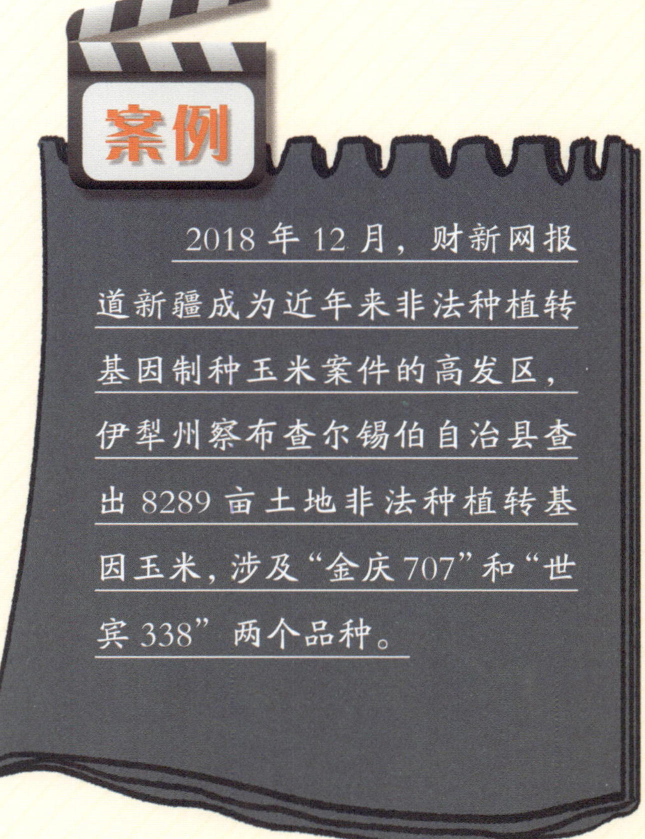

2018 年 12 月，财新网报道新疆成为近年来非法种植转基因制种玉米案件的高发区，伊犁州察布查尔锡伯自治县查出 8289 亩土地非法种植转基因玉米，涉及“金庆 707”和“世宾 338”两个品种。

《食品安全法》规定，生产经营转基因食品未按规定进行标示的，最高可处货值金额五倍以上十倍以下罚款，情节严重的责令停产停业，直至吊销许可证。

第三十四条

禁止利用包括会议、讲座、健康咨询在内的任何方式对食品进行虚假宣传。食品安全监督管理部门发现虚假宣传行为的，应当依法及时处理。

2019 年 7 月，烟台市公安机关侦破一起利用食品、保健食品会展销方式诈骗老年人案。犯罪嫌疑人李 XX 等冒充北京知名医学专家，以公益慈善之名将进货价仅几十元的食品、保健食品高价销售，涉案价值 6.5 亿元。

市场监管部门应继续保持高压严打态势，坚决打击食品、保健食品欺诈和虚假宣传违法犯罪行为，以维护食品、保健食品的生产经营秩序。

第三十五条

保健食品生产工艺有原料提取、纯化等前处理工序的，生产企业应当具备相应的原料前处理能力。

案例

2015 年 3 月，西安市食品药品监督管理局对陕西 XX 中医糖尿病研究所进行检查，现场查扣 XX 菊花玉竹片、XX 芡实片等多种标注了保健食品批准文号的可疑产品。该单位涉嫌在食品中违法添加药物成分，构成了生产、销售有毒、有害食品罪。

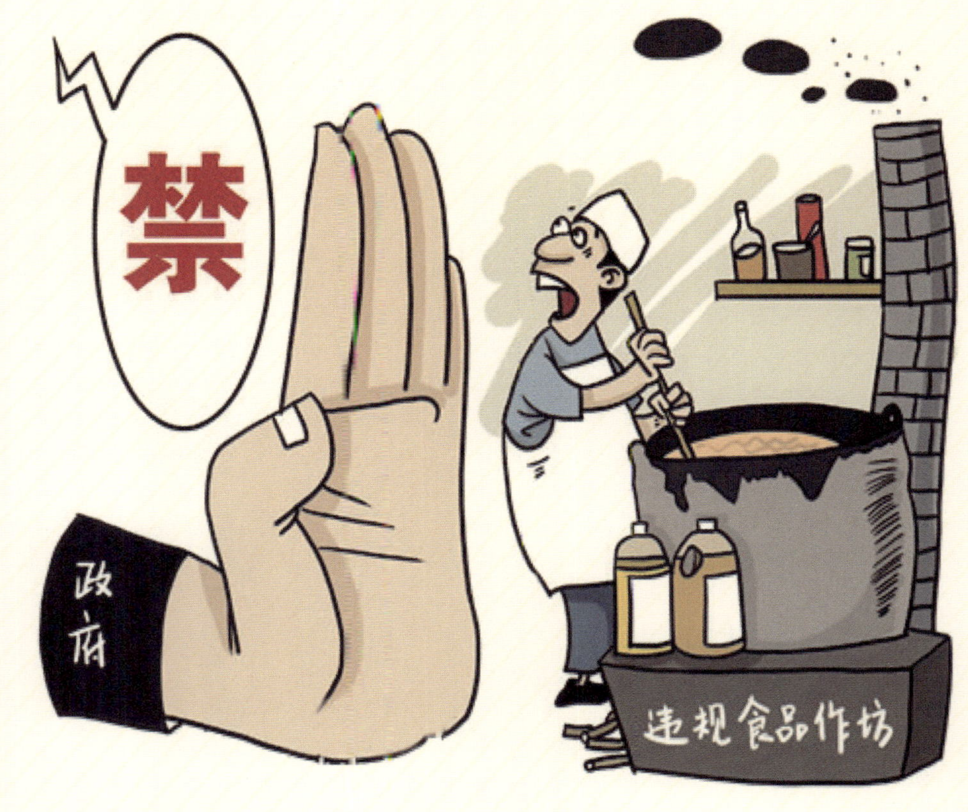

解读

《条例》进一步强调了对食品生产企业的前处理能力的要求，需要具备与生产的品种、数量相适应的原料前处理设备或者设施。

第三十六条

特殊医学用途配方食品生产企业应当按照食品安全国家标准规定的检验项目对出厂产品实施逐批检验。

特殊医学用途配方食品中的特定全营养配方食品应当通过医疗机构或者药品零售企业向消费者销售。医疗机构、药品零售企业销售特定全营养配方食品的，不需要取得食品经营许可，但是应当遵守食品安全法和本条例关于食品销售的规定。

2015年9月，海南省食品药品监督管理局在海口市南北水果批发市场查获问题青枣3.3吨，经检测含有“糖精钠”。经过追溯，在广东雷州市英利镇一举捣毁加工糖精枣的“黑窝点”，当场查获大量腐烂青枣及加工工具和设备。

特定全营养配方食品的适宜人群是患有某种特定疾病的人群，《条例》对这类产品的销售渠道进行了明确限定，如果违背了相关条例必须给予处罚。

第三十七条

特殊医学用途配方食品中的特定全营养配方食品广告按照处方药广告管理，其他类别的特殊医学用途配方食品广告按照非处方药广告管理。

案例

2009年5月，卫生部就杭州市民状告“XX饮料”召开新闻发布会，声明该饮料中含有的夏枯草不在卫生部公布的允许食用的87种中药材名单中，这次发布会标志着流传了170多年的XX饮料涉嫌违法添加非食用物质。

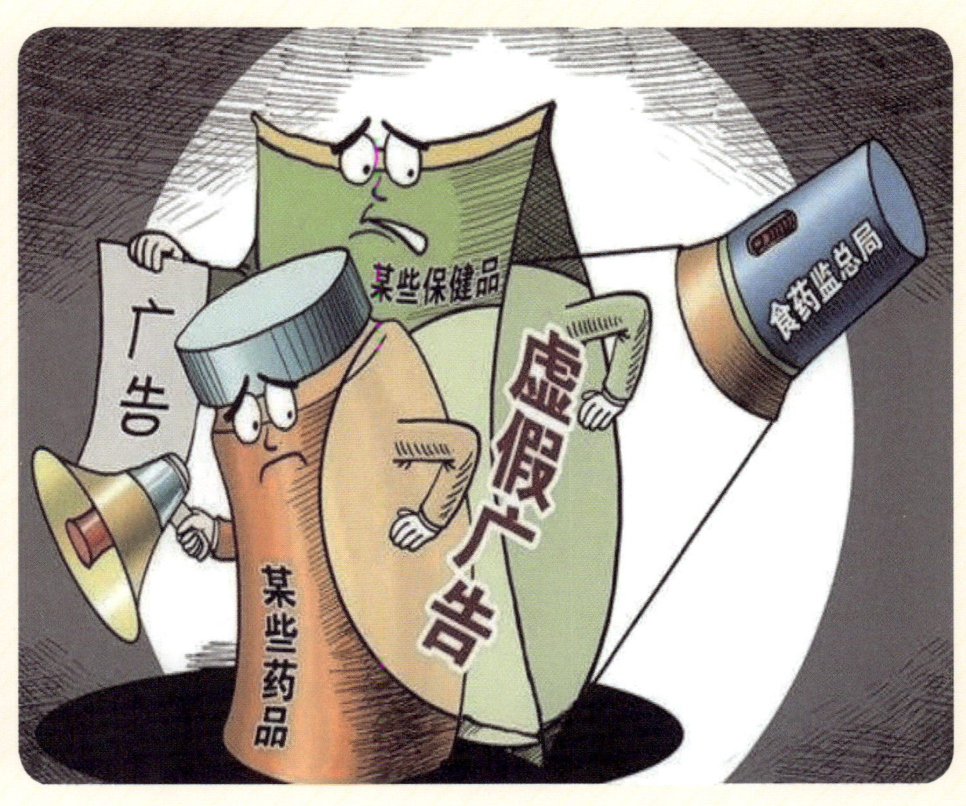

解读

食品安全法规定，特定全营养配方食品广告适用《广告法》和其他法律、行政法规关于药品广告管理的规定，《条例》对相关要求做了进一步细化。

第三十八条

对保健食品之外的其他食品，不得声称具有保健功能。

对添加食品安全国家标准规定的选择性添加物质的婴幼儿配方食品，不得以选择性添加物质命名。

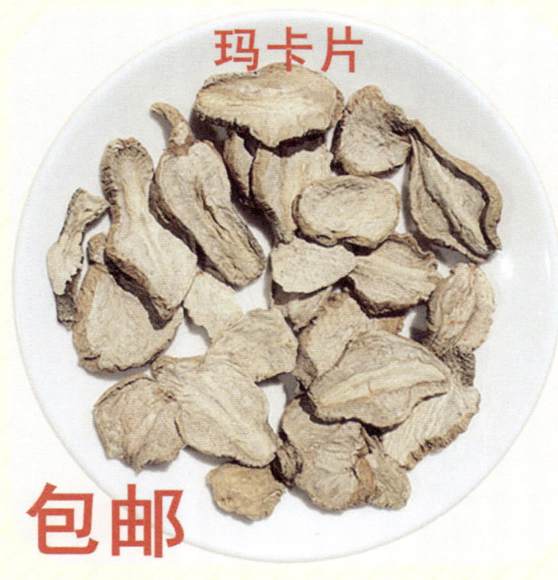

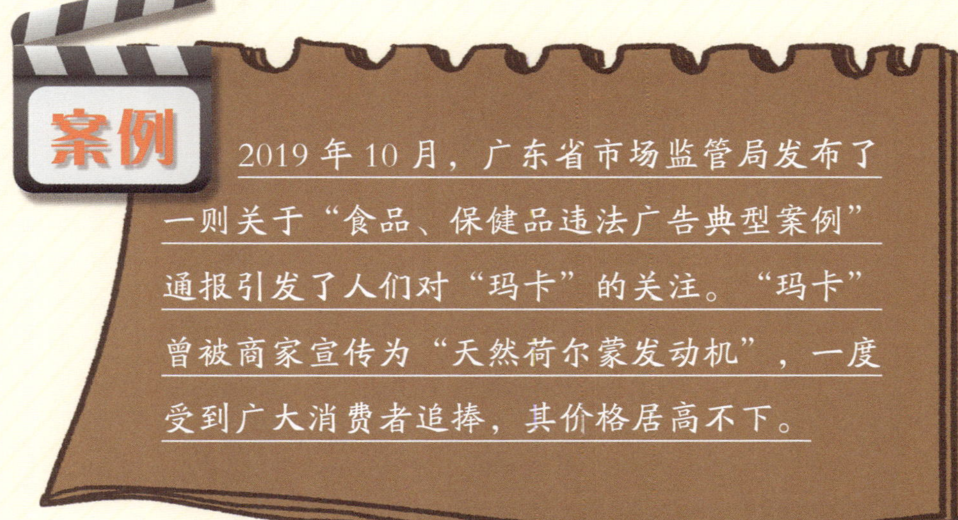

2019 年 10 月，广东省市场监管局发布了一则关于“食品、保健品违法广告典型案例”通报引发了人们对“玛卡”的关注。“玛卡”曾被商家宣传为“天然荷尔蒙发动机”，一度受到广大消费者追捧，其价格居高不下。

广东省食品药品检验中心称，作为新引进的外来之物，“玛卡”并不是药材，也未进入保健食品原料目录，只是一种普通食品，提醒人们不要轻信商家宣传，避免上当受骗。

第三十九条

特殊食品的标签、说明书内容应当与注册或者备案的标签、说明书一致。销售特殊食品，应当核对食品标签、说明书内容是否与注册或者备案的标签、说明书一致，不一致的不得销售。省级以上人民政府食品安全监督管理部门应当在其网站上公布注册或者备案的特殊食品的标签、说明书。

特殊食品的标签与注册备案的标签不符。

特殊食品不得与普通食品或者药品混放销售。

2008年8月，乌鲁木齐市场出现一种人造“新鲜红枣”，主要是在铁锅里放酱油，青枣变成红色后，再放进有大量糖精钠和甜蜜素的水池中浸泡，使其口感泛甜，但过量食用会造成身体危害。

虚假宣传行为对特殊食品行业的发展造成了不利影响。将特殊食品与普通食品或药品分开销售，可以有效抑制这些行为，帮助消费者理性认知特殊食品。

公众监督
生产监管
食品
质检报告

第五章
食品检验
SHIPIN
JIANYAN

第四十条

对食品进行抽样检验，应当按照食品安全标准、注册或者备案的特殊食品的产品技术要求以及国家有关规定确定的检验项目和检验方法进行。

要按特殊食品的标准化验。

2015年6月，柳州市食品药品监管局对柳州市XX酒厂生产的“XX功夫酒”进行抽检，检出含有“西地那非”成分的“XX功夫酒”“X健酒”“XX神养生酒”共17000余瓶，依法抓获犯罪嫌疑人3名。

解读

食品抽样检验是食品药品监督管理部门对食品安全进行动态跟踪监管的主要方式之一，也是食品安全监管的一种经常性的监督行为，具有科学性、规范性和有效性。

第四十一条

对可能掺杂掺假的食品，按照现有食品安全标准规定的检验项目和检验方法以及依照食品安全法第一百一十一条和本条例第六十三条规定制定的检验项目和检验方法无法检验的，国务院食品安全监督管理部门可以制定补充检验项目和检验方法，用于对食品的抽样检验、食品安全案件调查处理和食品安全事故处置。

特殊化验

掺假

2015年5月，金华市食品药品监管部门对XX香食品有限公司监督检查，发现其“哩脊肉串”“蒙古肉串”等产品加工过程中超范围使用食品添加剂“日落黄”和“诱惑红”，涉案金额180余万元。

食品行政处罚程序规定，下级食品监督管理部门对本部门管辖的案件由于特殊原因不能行使管辖权的，可以报请上级食品监督管理部门管辖或者指定管辖。

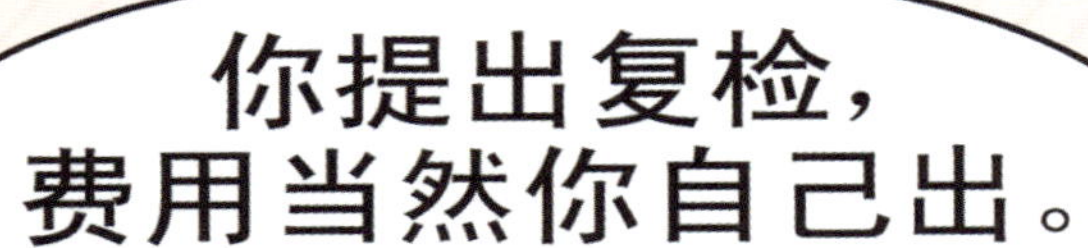

第四十二条

依照食品安全法第八十八条的规定申请复检的，申请人应当向复检机构先行支付复检费用。复检结论表明食品不合格的，复检费用由复检申请人承担；复检结论表明食品合格的，复检费用由实施抽样检验的食品安全监督管理部门承担。

复检机构无正当理由不得拒绝承担复检任务。

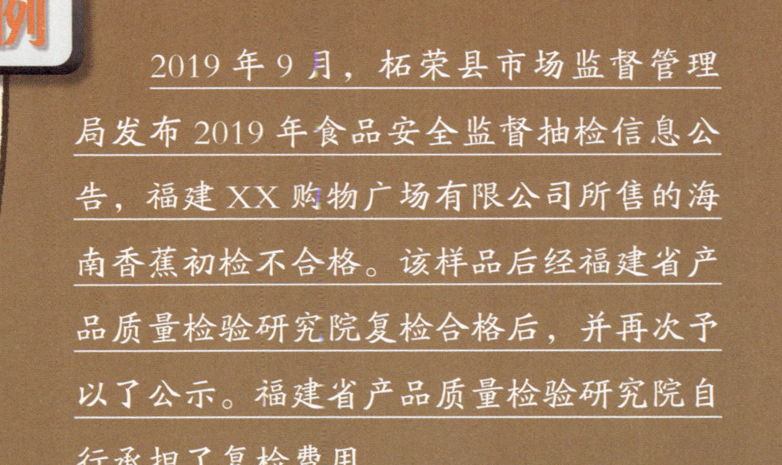

案例

2019 年 9 月，柘荣县市场监督管理局发布 2019 年食品安全监督抽检信息公告，福建 XX 购物广场有限公司所售的海南香蕉初检不合格。该样品后经福建省产品质量检验研究院复检合格后，并再次予以了公示。福建省产品质量检验研究院自行承担了复检费用。

解读

根据食品安全法要求，食品生产经营者在申请复检和异议处理期间，应当采取封存库存问题食品、停止生产、召回问题食品等措施控制食品安全风险。

第四十三条

任何单位和个人不得发布未依法取得资质认定的食品检验机构出具的食品检验信息，不得利用上述检验信息对食品、食品生产经营者进行等级评定，欺骗、误导消费者。

案例

近年来，网络购物已经成为广大消费者的选择，于是部分网络商铺利用网购不易辨别商品的品牌、型号，以及食品检验机构的食品检验信息等，在出售商品时“以次充好”“以假充真”误导消费者，构成欺诈行为。

解读

评定信息要加强对失信行为的披露和曝光，对严重失信的食品生产经营者要开展多部门联合惩戒，从而产生震慑力。中国合格评定国家认可委员会（CNAS）认可的食品检验机构是为各企、事业单位量身提供检验检测、咨询鉴定、质量控制等一站式服务的权威第三方检测机构。

跟
踪
调
查
不符合认证要求的企业

第六章 食品进出口

SHIPIN JINCHUKOU

第四十四条

进口商进口食品、食品添加剂，应当按照规定向出入境检验检疫机构报检，如实申报产品相关信息，并随附法律、行政法规规定的合格证明材料。

2017 年 7 月，国家出入境检验检疫机构在入境货物到达口岸检测出质量安全不合格的商品，未予准入的食品清单中涉及不合格食品 233 批，美国、德国、日本、法国等 30 多个国家或地区的多种美食纷纷被“拒之门外”。

境外发生食品安全事件可能对中国境内造成影响的，或者在口岸检验检疫过程中发现严重食品安全问题的，《条例》规定要及时进行风险预警并采取退货、销毁、禁止进口等措施。

第四十五条

进口食品运达口岸后，应当存放在出入境检验检疫机构指定或者认可的场所；需要移动的，应当按照出入境检验检疫机构的要求采取必要的安全防护措施。大宗散装进口食品应当在卸货口岸进行检验。

检疫区

进口食品存放区

2017 年 12 月，郑州首单“多式联运”进口肉类食品到达河南省进口肉类指定口岸。该批冷冻猪肉来自加拿大，共 168 吨。经海、铁、公联运的方式，在河南进口肉类指定口岸办理检验检疫手续。

将原本分散的码头运输、储存、装卸、搬运、包装等物流作业环节进行集中处理，转变为“跨境贸易一站式集成服务”，极大降低了物流成本，并且保障了食品安全。

停

指定口岸

第四十六条

国家出入境检验检疫部门根据风险管理需要，可以对部分食品实行指定口岸进口。

1993 年 1 月，香港 XX 公司从文锦渡口岸进口秘鲁产鱿鱼干，总重 16916kg，查验时发现样品色泽灰暗、布满霉斑，并具有酸、臭、霉味，被判定不符合我国食品卫生标准而拒收。

案例

解读

依照相关法律规定，大宗散装商品、易腐烂变质商品、可用作原料的固体废物，以及在卸货时可能发生残损、数/重量短缺的商品等，必须在卸货口岸检验检疫机构报检。

第四十七条

国务院卫生行政部门依照食品安全法第九十三条的规定对境外出口商、境外生产企业或者其委托的进口商提交的相关国家（地区）标准或者国际标准进行审查，认为符合食品安全要求的，决定暂予适用并予以公布；暂予适用的标准公布前，不得进口尚无食品安全国家标准的食品。

食品安全国家标准中通用标准已经涵盖的食品不属于食品安全法第九十三条规定的尚无食品安全国家标准的食品。

禁止进口

无食品标准国家

案例

2019年4月，东营市市场监管局依法对“XX国际整形专业医师团队”在微信朋友圈销售减肥食品涉嫌添加有毒有害物质展开调查，经抽样检测显示该减肥食品含有药物成分西布曲明，涉嫌违法被查封。

解读

《条例》对于食品安全国家标准中通用标准已经涵盖，但尚无专门的产品标准的食品可以按照一般贸易方式进口，其进口依据是各通用标准中对于其指标要求的相关规定。

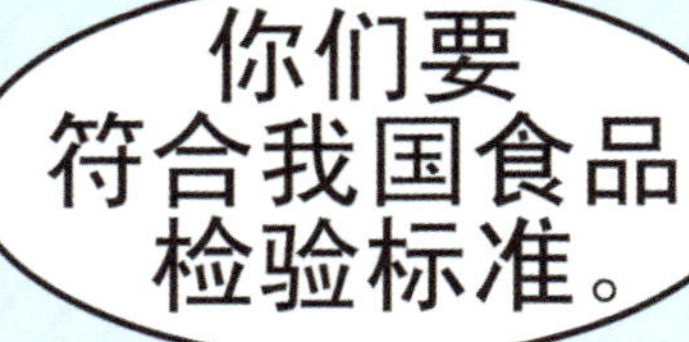

第四十八条

进口商应当建立境外出口商、境外生产企业审核制度，重点审核境外出口商、境外生产企业制定和执行食品安全风险控制措施的情况以及向我国出口的食品是否符合食品安全法、本条例和其他有关法律、行政法规的规定以及食品安全国家标准的要求。

2019年10月，一家德国食品企业销售的16款奶粉中有8款产品在我国海关被检出含有“芳香烃”矿物油成分，共涉及到六大品牌奶粉，执法部门迅速向消费者发出警告。

根据我国的监管政策，凡在中国线下市场进行公开销售的进口婴幼儿配方奶粉，其所属工厂必须先从中国认监委进行备案注册，并且要通过中国市场监督管理总局的配方注册。

第四十九条

进口商依照食品安全法第九十四条第三款的规定召回进口食品的，应当将食品召回和处理情况向所在地县级人民政府食品安全监督管理部门和所在地出入境检验检疫机构报告。

2019年，我国多个省份先后发生上百起“非洲猪瘟”疫情，生猪扑杀量达数万，疫情形势复杂严峻，给生猪养殖业带来严重经济损失，市面上猪肉价格飞涨，导致社会紧张情绪蔓延。

解读

出现食品安全事故或发现问题食品时，生产企业可通过食品召回制度快速而有效地采取应对措施，最大限度保护消费者利益，将损失降至最低。

第五十条

国家出入境检验检疫部门发现已经注册的境外食品生产企业不再符合注册要求的，应当责令其在规定期限内整改，整改期间暂停进口其生产的食品；经整改仍不符合注册要求的，国家出入境检验检疫部门应当撤销境外食品生产企业注册并公告。

案例

2017年2月，李XX从马来西亚进口了一款色、香、味都很独特的当地少数民族特色产品，但在回国入境安检时，海关发现该类食品在我国目前还没有食品安全国家标准，便依法扣留了该批货物。

解读

根据我国的监管政策，进口食品境外生产企业在中国的CNCA备案认证，并取得备案认证号码后，且进口产品是在该备案认证企业允许进口的名录内才可以申请商检进口。

第五十一条

对通过我国良好生产规范、危害分析与关键控制点体系认证的境外生产企业，认证机构应当依法实施跟踪调查。对不再符合认证要求的企业，认证机构应当依法撤销认证并向社会公布。

跟
踪
调
查
不符合认证要求的企业

案例

2015 年 7 月，青岛机场局检验检疫工作人员对来自香港的航班进行查验时，从一名马来西亚籍旅客的行李中截获大量燕窝，重约 10 公斤，约 20 万元。检验检疫工作人员依法对截获的燕窝实施退回处理。

解读

国内大部分旅客在携带燕窝制品入境时缺乏向检疫部门主动申报的责任意识，更未意识到携带燕窝制品入境是国家禁止的行为。

第五十二条

境外发生的食品安全事件可能对我国境内造成影响，或者在进口食品、食品添加剂、食品相关产品中发现严重食品安全问题的，国家出入境检验检疫部门应当及时进行风险预警，并可以对相关的食品、食品添加剂、食品相关产品采取下列控制措施：

（一）退货或者销毁处理；

（二）有条件地限制进口；

（三）暂停或者禁止进口。

境外发生的食品安全事件，对我国造成影响怎么办？

可以进行退货、销毁处理。

解读

入境前未进行检疫申报的水产品，极可能携带病源微生物和有毒有害物质，食用后会危害人体健康，甚至引发疫病流行，安全风险很大。

第五十三条

出口食品、食品添加剂的生产企业应当保证其出口食品、食品添加剂符合进口国家（地区）的标准或者合同要求；我国缔结或者参加的国际条约、协定有要求的，还应当符合国际条约、协定的要求。

案例

2015 年 5 月，青岛机场局邮检办多次从进境邮包中截获宠物食品，均为动物源性产品，收件人无法提供输出国官方检疫证书，便依法实施销毁处理。

解读

国家法律规定，植物源性饲料需要在我国允许进口饲料和饲料添加剂的国家及产品名单内，并根据风险级别提供进境动植物检疫许可证和输出国的官方检疫证书。

追刑责
非法食品
添加剂
食品

第七章
食品安全事故处置
SHIPIN ANQUAN
SHIGU CHUZHI

第五十四条

食品安全事故按照国家食品安全事故应急预案实行分级管理。县级以上人民政府食品安全监督管理部门会同同级有关部门负责食品安全事故调查处理。

县级以上人民政府应当根据实际情况及时修改、完善食品安全事故应急预案。

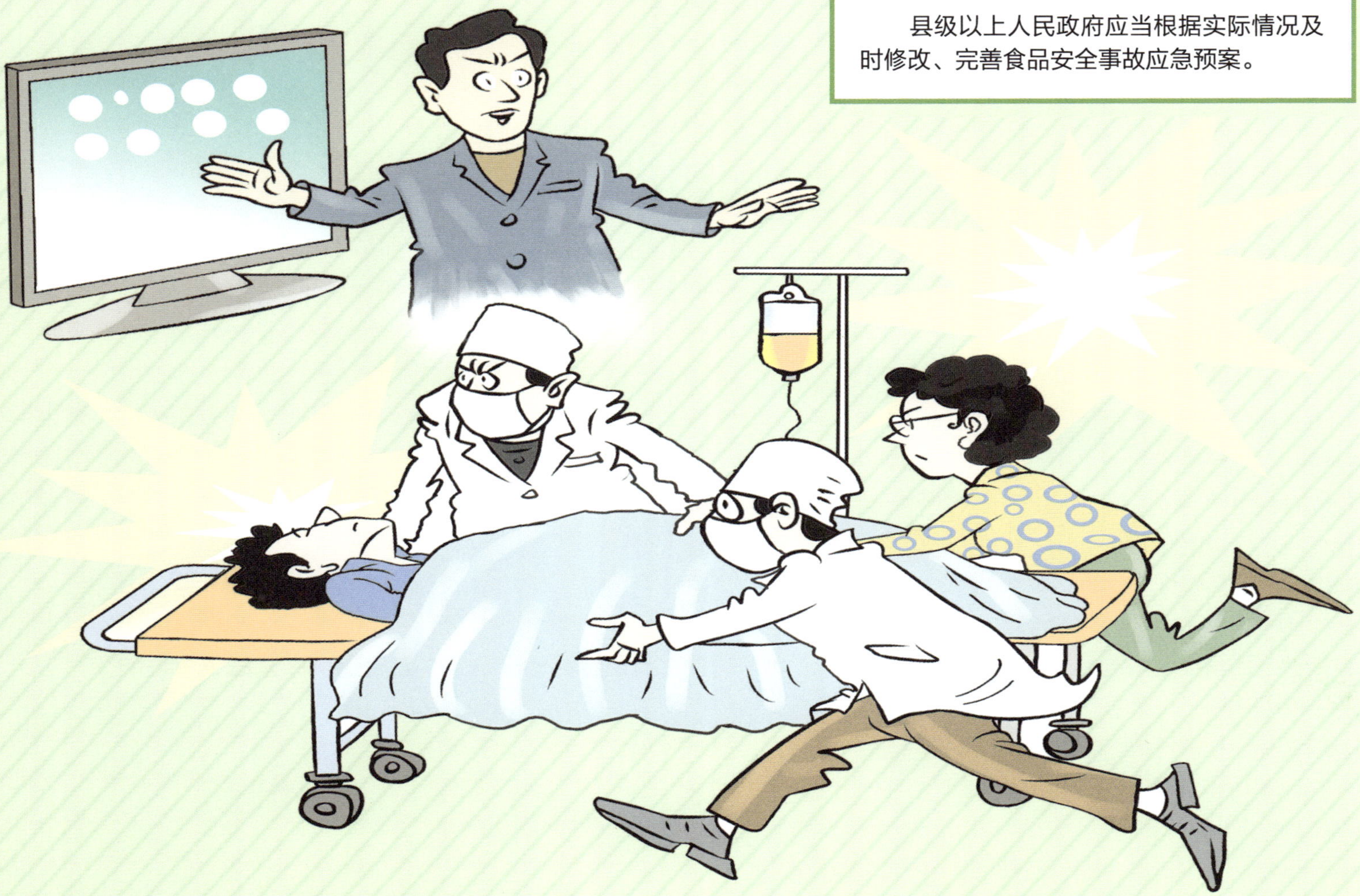

2019 年 9 月，南充市公安局破获一起制售伪劣产品案，现场查获假冒 XX 功能饮料 16.8 万罐，李 XX 犯罪团伙为牟取高额利润，生产假冒 10 余个国内知名品牌饮料，并在成都注册国际贸易公司作为掩护进行非法销售，涉案金额近 2 亿元。

《条例》进一步强化地方政府食品安全事故处置责任，县级以上人民政府可以根据实际情况及时修改、完善食品安全事故应急预案。

第五十五条

县级以上人民政府应当完善食品安全事故应急管理机制，改善应急装备，做好应急物资储备和应急队伍建设，加强应急培训、演练。

案例

2018年2月，XX大学附属中学（大学城校区）有多名学生早餐后出现腹泻呕吐现象，不少学生称生病与吃的东西有关。病员被送到医院检查治疗后，学校秩序才逐渐稳定下来。

解读

规范食品安全事故应急处置工作，提高突发事故的组织指挥、协调配合、快速反应、高效处置能力，才能更好保障人民群众“舌尖上的安全”。

第五十六条

发生食品安全事故的单位应当对导致或者可能导致食品安全事故的食品及原料、工具、设备、设施等，立即采取封存等控制措施。

2019年2月，寿光市果农李XX未办理农药生产经营许可证，自行采购农药生产设备、多种农药和农药原粉，在自家院房内配制农药并销售，获处罚款5万元，并没收生产设备及原材料。

主管部门应对食品安全事故不到位，将会对消费者的生命健康造成危害，给整个食品行业带来灾难性后果，并将损害公众对政府治理能力的信心。

第五十七条

县级以上人民政府食品安全监督管理部门接到食品安全事故报告后，应当立即会同同级卫生行政、农业行政等部门依照食品安全法第一百零五条的规定进行调查处理。食品安全监督管理部门应当对事故单位封存的食品及原料、工具、设备、设施等予以保护，需要封存而事故单位尚未封存的应当直接封存或者责令事故单位立即封存，并通知疾病预防控制机构对与事故有关的因素开展流行病学调查。

疾病预防控制机构应当在调查结束后向同级食品安全监督管理、卫生行政部门同时提交流行病学调查报告。

任何单位和个人不得拒绝、阻挠疾病预防控制机构开展流行病学调查。有关部门应当对疾病预防控制机构开展流行病学调查予以协助。

岳阳市市场监管局联合市公安局开展行动，抓获犯罪嫌疑人周X生等五人，该团伙从郑州、武汉等地购进罗格列酮、二甲双胍等西药原药及包装材料后，加工成所谓的“金脉血通”保健食品进行销售，涉案金额达90万元。

发生食品安全事故后，市场主管部门应立即封存可能导致食品安全事故的食品及其原料，并做好信息发布等工作，防止或者减轻社会危害。

第五十八条

国务院食品安全监督管理部门会同国务院卫生行政、农业行政等部门定期对全国食品安全事故情况进行分析，完善食品安全监督管理措施，预防和减少事故的发生。

2017年4月，一种闻起来有异味的“脚臭盐”新闻短时间内席卷全国，各地纷纷查处产自河南平顶山的相关食盐，央视《新闻1+1》也专门做了节目。工信部带队督查企业并进行检测，其中一家现场被认定有异味。

国家按食品安全事故的性质、危害程度和涉及范围，将重大食品安全事故分为四级：特别重大食品安全事故；重大食品安全事故；较大食品安全事故；一般食品安全事故。

监督食品安全
人人有责又受益

第八章

监督管理

SHIPIN
JIANDU GUANLI

第五十九条

设区的市级以上人民政府食品安全监督管理部门根据监督管理工作需要，可以对由下级人民政府食品安全监督管理部门负责日常监督管理的食品生产经营者实施随机监督检查，也可以组织下级人民政府食品安全监督管理部门对食品生产经营者实施异地监督检查。

设区的市级以上人民政府食品安全监督管理部门认为必要的，可以直接调查处理下级人民政府食品安全监督管理部门管辖的食品安全违法案件，也可以指定其他下级人民政府食品安全监督管理部门调查处理。

长沙市XX科技有限公司在湖南圣爵菲斯酒店召开主题为“XX2018年业绩表彰星耀盛典”会议上，捏造国家领导人、国家机关领导人服用其“XX”产品的事实，被执法部门责令停止虚假宣传，并罚款200万元。

国家市场监管总局一直把保健食品虚假违法广告整治作为顺民意、解民忧、惠民生的重要抓手，经常开展整治“保健”市场乱象百日行动。

第六十条

国家建立食品安全检查员制度，依托现有资源加强职业化检查员队伍建设，强化考核培训，提高检查员专业化水平。

案例

2015年2月，古浪县食品药品监管局对一家大酒楼87名食客就餐后出现呕吐、腹泻、发热等食物中毒症状进行调查，发现是该酒楼擅自变更经营场所、食品加工间布局，热菜加工间食品原料生熟不分等引发的集体食物中毒。

解读

专业化监管手段的不足是我国当前食品安全监管水平提升面临的最大障碍，食品法规中首次提出食品安全检查员制度和队伍的建设，以期提升我国食品安全监管的能力和保障水平。

第六十一条

县级以上人民政府食品安全监督管理部门依照食品安全法第一百一十条的规定实施查封、扣押措施，查封、扣押的期限不得超过 30 日；情况复杂的，经实施查封、扣押措施的食品安全监督管理部门负责人批准，可以延长，延长期限不得超过 45 日。

2019 年 7 月，长沙市开福区市场监管局联合区公安分局对“XX 粉店”进行突击检查，发现该店在食品中添加药品，现场还查获 XX 处方药 5 瓶，高汤内含有添加的吗啡、可待因成分。当事人因涉嫌犯罪被判刑。

县级以上食品安全监督管理部门有权对生产经营的食品、食品添加剂、食品相关产品进行抽样检验，查封、扣押不符合食品安全标准的食品相关产品等，查封违法从事生产经营活动的场所。

第六十二条

网络食品交易第三方平台多次出现入网食品经营者违法经营或者入网食品经营者的违法经营行为造成严重后果的，县级以上人民政府食品安全监督管理部门可以对网络食品交易第三方平台提供者的法定代表人或者主要负责人进行责任约谈。

案例

2018年7月，北京XX信息科技有限公司上海分公司作为网络食品交易第三方平台提供者，未通过许可信息比对、现场核查等对18户入网食品经营者的许可证件真实性和有效性进行审查，致使这些经营者通过网络食品交易第三方平台从事食品经营，被处以20万元罚款。

解读

坚持对网络食品交易第三方平台开展约谈制度，是食品安全监督管理部门依法行政、履职所在，也是现代食品安全监管方式的一种探索和创新。

第六十三条

国务院食品安全监督管理部门会同国务院卫生行政等部门根据食源性疾病信息、食品安全风险监测信息和监督管理信息等，对发现的添加或者可能添加到食品中的非食品用化学物质和其他可能危害人体健康的物质，制定名录及检测方法并予以公布。

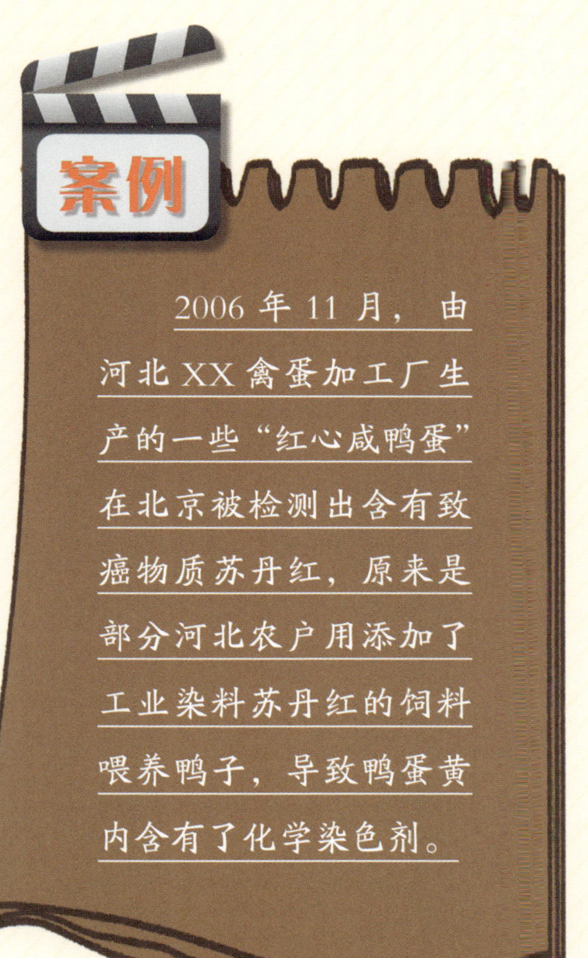

案例

2006 年 11 月，由河北 XX 禽蛋加工厂生产的一些“红心咸鸭蛋”在北京被检测出含有致癌物质苏丹红，原来是部分河北农户用添加了工业染料苏丹红的饲料喂养鸭子，导致鸭蛋黄内含有了化学染色剂。

解读

食品企业要严格执行法律、法规和食品安全标准，不采购、使用非食用物质，坚持企业诚信和自律，是防范违法添加非食用物质的前提和保证。国家主管部门也会定期发出消费警示。

第六十四条

县级以上地方人民政府卫生行政部门应当对餐具饮具集中消毒服务单位进行监督检查，发现不符合法律、法规、国家相关标准以及相关卫生规范等要求的，应当及时调查处理。监督检查的结果应当向社会公布。

案例

2019年9月，沧州市卫生局卫生监督局对全市25家餐具、饮具集中消毒服务单位产品进行抽检，检验包括感官指标、游离性余氯、阴离子合成洗涤剂、沙门氏菌等，其中7家单位因不符合食品安全标准被要求整改。

解读

严格规范餐饮、饮具集中消毒服务行业监督管理工作，强化相关单位餐饮消费安全责任意识，提高消毒服务质量，确保人民群众身体健康不受损害。

举报

第六十五条

国家实行食品安全违法行为举报奖励制度，对查证属实的举报，给予举报人奖励。举报人举报所在企业食品安全重大违法犯罪行为的，应当加大奖励力度。有关部门应当对举报人的信息予以保密，保护举报人的合法权益。食品安全违法行为举报奖励办法由国务院食品安全监督管理部门会同国务院财政等有关部门制定。

食品安全违法行为举报奖励资金纳入各级人民政府预算。

2011年5月，东莞市公安局根据群众提供的举报线索，破获一起制售有毒、有害食品添加剂案。台湾籍赖XX4名犯罪嫌疑人利用从台湾购进的原料非法生产有毒的食品添加剂，销往广东、河南、新疆等地获取暴利。

为鼓励生产经营单位内部人员积极参与举报，《条例》规定举报人举报所在企业食品安全重大违法犯罪行为的，应当加大奖励力度。

第六十六条

国务院食品安全监督管理部门应当会同国务院有关部门建立守信联合激励和失信联合惩戒机制，结合食品生产经营者信用档案，建立严重违法生产经营者黑名单制度，将食品安全信用状况与准入、融资、信贷、征信等相衔接，及时向社会公布。

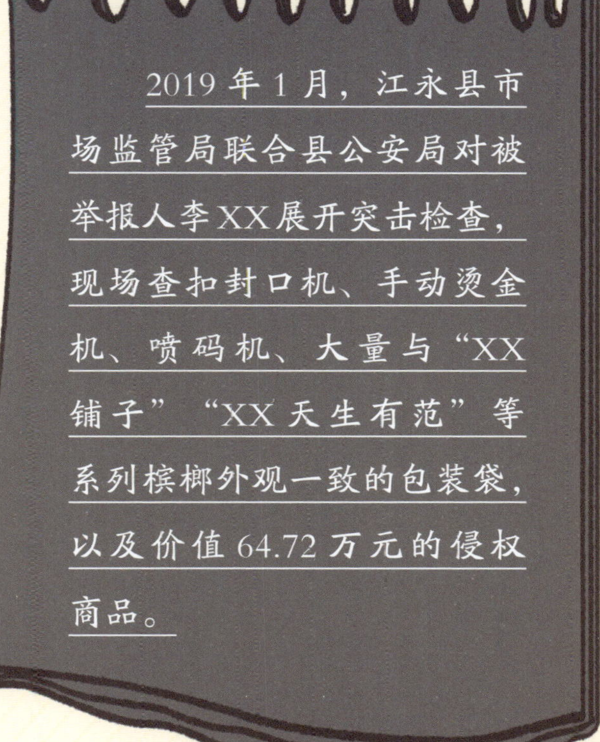

2019年1月，江永县市场监管局联合县公安局对被举报人李XX展开突击检查，现场查扣封口机、手动烫金机、喷码机、大量与“XX铺子”“XX天生有范”等系列槟榔外观一致的包装袋，以及价值64.72万元的侵权商品。

解读

建立严重违法生产经营者黑名单制度，实施信用联合惩戒，健全食品安全行政执法与公安机关行政拘留衔接机制，从而完善食品安全风险监测体系。

监管
药
食

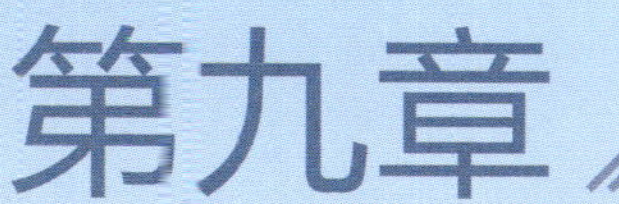

法律责任

SHIPIN ANQUAN
FALV ZEREN

第六十七条

有下列情形之一的，属于食品安全法第一百二十三条至第一百二十六条、第一百三十二条以及本条例第七十二条、第七十三条规定的情节严重情形：

（一）违法行为涉及的产品货值金额2万元以上或者违法行为持续时间3个月以上；

（二）造成食源性疾病并出现死亡病例，或者造成30人以上食源性疾病但未出现死亡病例；

（三）故意提供虚假信息或者隐瞒真实情况；

（四）拒绝、逃避监督检查；

（五）因违反食品安全法律、法规受到行政处罚后1年内又实施同一性质的食品安全违法行为，或者因违反食品安全法律、法规受到刑事处罚后又实施食品安全违法行为；

（六）其他情节严重的情形。

对情节严重的违法行为处以罚款时，应当依法从重从严。

2019年12月，滨州市开发区市场监管局联合公安干警，突击检查一家正在加工豆制品的作坊，该作坊未取得食品生产加工许可证、营业执照等却长期销售豆腐和豆皮，被当即责令限期整改和办理有关证照。

执法部门要积极采取有效措施，加强与刑事司法、行政拘留的衔接，确保食品药品违法行为“处罚到人”的各项措施落到实处。

第六十八条

有下列情形之一的，依照食品安全法第一百二十五条第一款、本条例第七十五条的规定给予处罚：

（一）在食品生产、加工场所贮存依照本条例第六十三条规定制定的名录中的物质；

（二）生产经营的保健食品之外的食品的标签、说明书声称具有保健功能；

（三）以食品安全国家标准规定的选择性添加物质命名婴幼儿配方食品；

（四）生产经营的特殊食品的标签、说明书内容与注册或者备案的标签、说明书不一致。

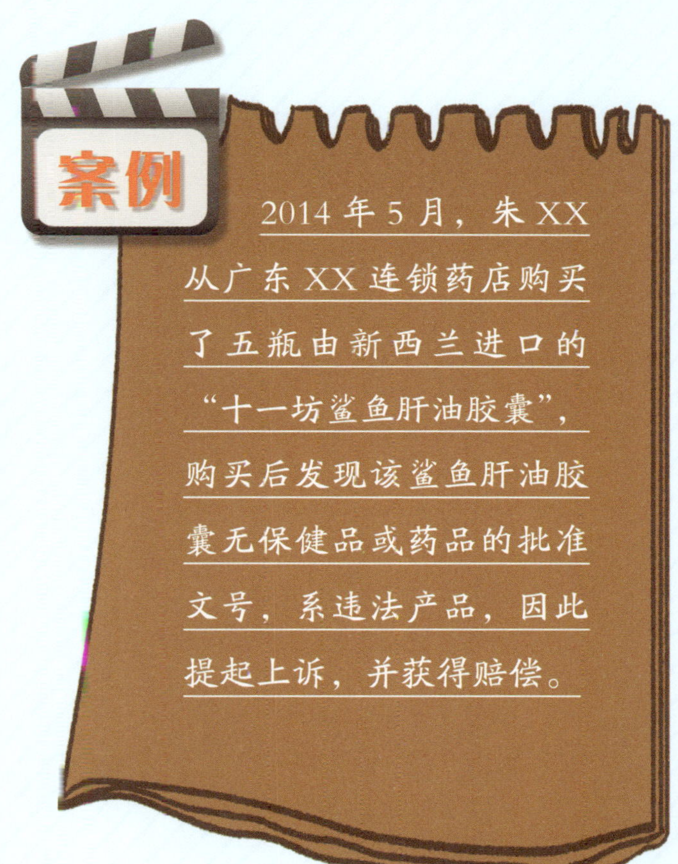

解读

《条例》规定在食品产地，生产加工过程、销售、贮存、运输、消费等食品安全的各个环节都要严格落实“四个最严”要求。

第六十九条

有下列情形之一的，依照食品安全法第一百二十六条第一款、本条例第七十五条的规定给予处罚：

（一）接受食品生产经营者委托贮存、运输食品，未按照规定记录保存信息；

（二）餐饮服务提供者未查验、留存餐具饮具集中消毒服务单位的营业执照复印件和消毒合格证明；

（三）食品生产经营者未按照规定对变质、超过保质期或者回收的食品进行标示或者存放，或者未及时对上述食品采取无害化处理、销毁等措施并如实记录；

（四）医疗机构和药品零售企业之外的单位或者个人向消费者销售特殊医学用途配方食品中的特定全营养配方食品；

（五）将特殊食品与普通食品或者药品混放销售。

2015年11月，河北省唐山XX商贸有限公司因销售超过保质期的虾仁等食品，违法所得2445.53元，被河北省食品药品监管局处以没收违法所得2445.53元、没收违法经营的食品、罚款货值金额12倍的行政处罚。

接受委托贮存、运输食品的食品生产经营者，必须注重保存运输食品的原始记录，还要保证统计数据真实、准确、完整、及时。

罚款
保健食品
保健食品

第七十条

除食品安全法第一百二十五条第一款、第一百二十六条规定的情形外，食品生产经营者的生产经营行为不符合食品安全法第三十三条第一款第五项、第七项至第十项的规定，或者不符合有关食品生产经营过程要求的食品安全国家标准的，依照食品安全法第一百二十六条第一款、本条例第七十五条的规定给予处罚。

2018年9月，义乌市市场监管局会同海关开展联合行动，对义乌市XX食品厂进行检查，发现无中文标签的白砂糖2吨和用其生产的多晶冰糖12余吨，其行为违反了食品安全法相关规定，被罚款60万元。

本条例有利于保护合法企业的利益，推动食品行业良性发展和有序竞争，有利于帮助消费者树立正确的食品安全知识和消费理念。

第七十一条

餐具饮具集中消毒服务单位未按照规定建立并遵守出厂检验记录制度的，由县级以上人民政府卫生行政部门依照食品安全法第一百二十六条第一款、本条例第七十五条的规定给予处罚。

案例

2019 年 10 月，长沙市岳麓区卫生计生综合监督执法局对辖区内餐具、饮具集中消毒服务单位的产品（碗、碟、茶杯、水杯、筷子）进行抽样检测，经检测，所检项目均符合国家相关标准。

执法人员提醒消费者，在外就餐时应选用集中消毒服务单位生产的消毒餐（饮）具，并注意包装上标注的单位名称、地址、消毒日期以及使用期限等内容。

第七十二条

从事对温度、湿度等有特殊要求的食品贮存业务的非食品生产经营者，食品集中交易市场的开办者、食品展销会的举办者，未按照规定备案或者报告的，由县级以上人民政府食品安全监督管理部门责令改正，给予警告；拒不改正的，处 1 万元以上 5 万元以下罚款；情节严重的，责令停产停业，并处 5 万元以上 20 万元以下罚款。

食品展销会

罚单

冷库

2015 年 1 月，西安市公安局接群众举报称有不法分子销售走私牛肉，警方在市经开区 XX 农副产品配送中心将嫌疑人马 XX 抓获，当场查获未经检验检疫的走私冷冻牛碎肉 800 余箱，牛肚 150 箱，涉案价值 120 余万元。

解读

关于食品贮存、运输业务要求的食品安全标准，各地方清单并不一致。没有制定单独要求的即遵循国家标准，另有单独规定的，还应同时满足地方的特殊要求。

第七十三条

利用会议、讲座、健康咨询等方式对食品进行虚假宣传的，由县级以上人民政府食品安全监督管理部门责令消除影响，有违法所得的，没收违法所得；情节严重的，依照食品安全法第一百四十条第五款的规定进行处罚；属于单位违法的，还应当依照本条例第七十五条的规定对单位的法定代表人、主要负责人、直接负责的主管人员和其他直接责任人员给予处罚。

案例

2018 年 3 月，广州市公安机关对“广州 XX 信息科技有限公司”销售“三无”保健品的 3 名人员抓获。犯罪嫌疑人冒充专家、医生举办讲座，针对中老年人身体进行虚假诊断，并夸大产品功效，诱骗消费者购买产品。

解读

《条例》对故意违法、性质恶劣、后果严重的行为，除了对企业进行处罚外，还要对企业法定代表人、主管负责人及其他直接责任人员处以罚款，最高可处其上年度企业所获收入的 10 倍。

第七十四条

食品生产经营者生产经营的食品符合食品安全标准但不符合食品所标注的企业标准规定的食品安全指标的，由县级以上人民政府食品安全监督管理部门给予警告，并责令食品经营者停止经营该食品，责令食品生产企业改正；拒不停止经营或者改正的，没收不符合企业标准规定的食品安全指标的食品，货值金额不足 1 万元的，并处 1 万元以上 5 万元以下罚款，货值金额 1 万元以上的，并处货值金额 5 倍以上 10 倍以下罚款。

2018 年 8 月 3 日，天津 XX 食品有限公司生产了 3200 板黄桃粒巧乳酪，该食品经国家轻工业食品质量监督检测天津站监督抽检，标签项目不符合食品安全国家标准要求，当即责令经营者停止经营该食品。

《食品安全法》规定，食品生产经营的相关新品种，未通过安全性评估，或者生产不符合食品安全标准的食品相关产品的，执法部门将依照相关规定给予处罚。

第七十五条

食品生产经营企业等单位有食品安全法规定的违法情形，除依照食品安全法的规定给予处罚外，有下列情形之一的，对单位的法定代表人、主要负责人、直接负责的主管人员和其他直接责任人员处以其上一年度从本单位取得收入的1倍以上10倍以下罚款：

（一）故意实施违法行为；
（二）违法行为性质恶劣；
（三）违法行为造成严重后果。

属于食品安全法第一百二十五条第二款规定情形的，不适用前款规定。

益阳市市场监管局与市公安局联合对XX公司经营部销售的XX知名品牌500g加碘精制盐开展调查。经检验，该食盐属于假冒注册商标产品。该当事人因销售假冒注册商标产品，被判处有期徒刑一年十个月，缓刑二年。

《食品安全法》规定，犯生产、销售不符合安全标准的食品罪，生产、销售有毒、有害食品罪，一般应当依法判处生产、销售金额二倍以上的罚金。

第七十六条

食品生产经营者依照食品安全法第六十三条第一款、第二款的规定停止生产、经营，实施食品召回，或者采取其他有效措施减轻或者消除食品安全风险，未造成危害后果的，可以从轻或者减轻处罚。

案例

2019年3月，央视3·15晚会曝光河南、湖南两地辣条生产企业脏乱差等乱象，一时间辣条又成为“人人喊打”的对象。河南省曾召回问题产品70余吨。

解读

食品生产经营者应建立健全食品召回管理制度，收集、分析食品安全信息，并依法履行不安全食品的停止生产经营、召回和处置义务。

第七十七条

县级以上地方人民政府食品安全监督管理等部门对有食品安全法第一百二十三条规定的违法情形且情节严重，可能需要行政拘留的，应当及时将案件及有关材料移送同级公安机关。公安机关认为需要补充材料的，食品安全监督管理等部门应当及时提供。公安机关经审查认为不符合行政拘留条件的，应当及时将案件及有关材料退回移送的食品安全监督管理等部门。

案件及有关材料

案例

2019年6月，株洲市渌口区市场监管局联合区公安局对邓X从市场购进鲜猪肉，通过腌制、熏烤的方法从事腊肉加工的现场进行检查，其卫生条件极其恶劣，且未有食品生产经营许可证，当即责令其停止违法行为。

《食品安全法》规定了13种禁止生产经营的食品、食品添加剂、食品相关产品，都是性质恶劣的违法行为，一旦生产经营就应当追究其法律责任。

第七十八条

公安机关对发现的食品安全违法行为，经审查没有犯罪事实或者立案侦查后认为不需要追究刑事责任，但依法应当予以行政拘留的，应当及时作出行政拘留的处罚决定；不需要予以行政拘留但依法应当追究其他行政责任的，应当及时将案件及有关材料移送同级食品安全监督管理等部门。

案例

2019年7月，广州市海珠区市场监督管理局在检查过程中，发现XX月子会所有限公司未经许可从事餐饮服务经营活动，当事人李XX为会所客人制作并提供“月子餐”，依法责令当事人立即停止违法行为。

解读

以食品安全法为核心，以行政、刑事和民事等基本法律为基础，以相关配套法规规章为支撑的食品安全法律体系，可以保障人民群众的食品安全。

第七十九条

复检机构无正当理由拒绝承担复检任务的，由县级以上人民政府食品安全监督管理部门给予警告，无正当理由1年内2次拒绝承担复检任务的，由国务院有关部门撤销其复检机构资质并向社会公布。

案例

2019年1月，天津市河北区市场监管局联合属地公安部门开展联合检查，发现一家经营自制熏鸡、熏排骨的商户使用国家明令禁止使用的亚硝酸钠，当事人涉嫌生产、销售不符合安全标准食品，被停止违法生产。

解读

《食品安全法》规定，复检结论表明食品不合格的，复检费用由复检申请人承担；复检结论表明食品合格的，复检费用由实施抽样检验的食品安全监督管理部门承担。

第八十条

发布未依法取得资质认定的食品检验机构出具的食品检验信息，或者利用上述检验信息对食品、食品生产经营者进行等级评定，欺骗、误导消费者的，由县级以上人民政府食品安全监督管理部门责令改正，有违法所得的，没收违法所得，并处10万元以上50万元以下罚款；拒不改正的，处50万元以上100万元以下罚款；构成违反治安管理行为的，由公安机关依法给予治安管理处罚。

案例

2019年11月，东莞市市场监管局接到消费者投诉，称有人为吸引老年消费者，自行印制“健乐蜂缘”牌“纳曲通”广告单散发，宣称“地龙”是“纳曲通”保健食品的主要成份，夸大医疗功效。执法人员现场依法对当事人作出了7500元罚款。

解读

国家市场监管总局已出台相关措施，明确规定保健食品名称命名时不得涉及疾病预防、治疗功能，不得误导、欺骗消费者。近年来，针对老年人的保健食品诈骗案件多发高发，严重损害了老年人的合法权益和身心健康，不少商家打着“权威认证”“专家推荐”等幌子欺骗老年消费者购买保健食品，引发了社会不满，这种违法行为必须要严肃处理。

第八十一条

食品安全监督管理部门依照食品安全法、本条例对违法单位或者个人处以 30 万元以上罚款的，由设区的市级以上人民政府食品安全监督管理部门决定。罚款具体处罚权限由国务院食品安全监督管理部门规定。

2019年5月，山东省滨州市公安机关侦破一起特大制售假冒茅台酒案，抓获犯罪嫌疑人13名，犯罪嫌疑人刘XX与其子，大量购进假冒贵州茅台酒，以电话、微信等方式发展客户，涉案价值1.03亿元。

《条例》从违法行为的货值金额、持续时间、损害后果、主观恶意等方面列举了“情节严重”的情形，明确要求对“情节严重”者从重从严处罚。

第八十二条

阻碍食品安全监督管理等部门工作人员依法执行职务，构成违反治安管理行为的，由公安机关依法给予治安管理处罚。

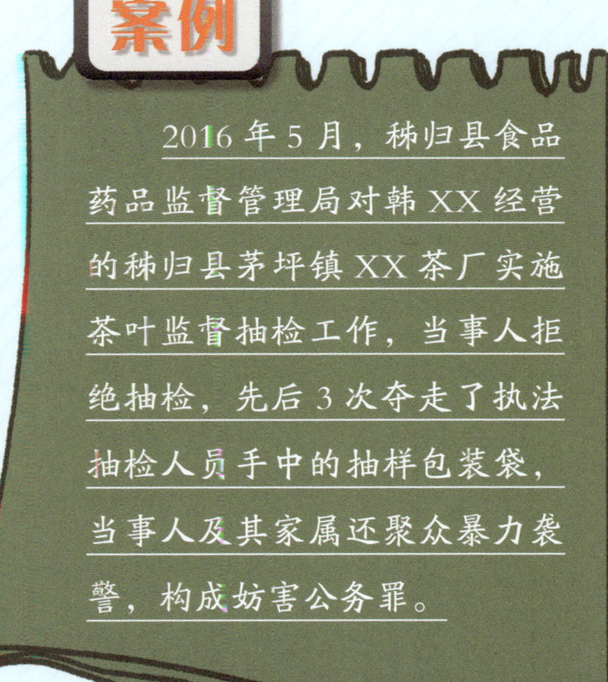

2016年5月，秭归县食品药品监督管理局对韩XX经营的秭归县茅坪镇XX茶厂实施茶叶监督抽检工作，当事人拒绝抽检，先后3次夺走了执法抽检人员手中的抽样包装袋，当事人及其家属还聚众暴力袭警，构成妨害公务罪。

解读

《条例》按照“最严格监管”要求，在《食品安全法》的基础上，进一步补充和完善了相关制度规定。

第八十三条

县级以上人民政府食品安全监督管理等部门发现单位或者个人违反食品安全法第一百二十条第一款规定，编造、散布虚假食品安全信息，涉嫌构成违反治安管理行为的，应当将相关情况通报同级公安机关。

案例

2015年7月，南京市建邺区食品药品监管局接到群众举报，称有多家成人用品店销售的保健食品疑似为假冒伪劣产品。执法部门对11家性保健店进行了突击查处，在相关产品中均检出“西地那非”“他达拉非”等药物成分，属于销售假冒保健食品行为。

解读

上述人员的行为涉嫌构成生产、销售有毒、有害食品罪，根据行政处罚法第二十二条的规定，公安机关将依法追究其刑事责任。

第八十四条

县级以上人民政府食品安全监督管理部门及其工作人员违法向他人提供网络食品交易第三方平台提供者提供的信息的，依照食品安全法第一百四十五条的规定给予处分。

案例

2014年2月21日，最高人民检察院发布的五个惩治危害食品安全犯罪指导性案例中明确指出：负有食品安全监督管理职责的国家机关工作人员，滥用职权，向生产、销售有毒、有害食品的犯罪分子通风报信，帮助逃避处罚的，应当认定为食品监管渎职罪。

广东省东莞市中堂镇食品药品监督站站长黎X文于2010年至2011年期间，在组织执法人员查处XX农产品批发市场的无证照腊肉、腊肠加工窝点过程中，收受胡XX等人贿赂，滥用食品安全监督管理的职权，多次在组织执法人员检查XX农产品批发市场之前打电话通知胡XX，让胡XX等人做好准备，把加工场内的病、死、残猪猪肉等生产原料和腊肉、腊肠藏好，逃避查处，导致胡XX等人在一年多时间内持续非法利用病、死、残猪猪肉生产“敌百虫”和亚硝酸盐成分严重超标的腊肠、腊肉，销往东莞市及周边城市的食堂和餐馆。被告人黎X文身为负有食品安全监督管理职责的国家机关工作人员，滥用职权为胡XX等人谋取非法利益，造成恶劣社会影响，触犯了《中华人民共和国刑法》第四百零八条之一之规定，以食品监管渎职罪被判刑。

食品监管渎职罪的出台是我国打击食品监管领域渎职犯罪的有力武器，具有很大的进步意义。随着食品监管法律体系、食品监管渎职罪相关配套规定逐步完善，食品监管渎职罪适用会变得顺畅，在保障食品安全方面将发挥重要作用，保证我国的食品安全，保障人民的生命健康。

第八十五条

违反本条例规定，构成犯罪的，依法追究刑事责任。

2019年6月，岳阳市市场监管局联合市公安局开展行动，查处当事人周XX五人从外地购进罗格列酮、二甲双胍等西药原药，加工成所谓的“金脉血道”保健食品进行销售，涉案金额达90万元。

新发布的实施条例，体现了习近平总书记关于食品安全“四个最严”的要求，解释了食品行业对于食品安全监管中的诸多疑惑，使食品安全监管政策的落地更加具有可操作性，对于推动我国食品安全的科学监管、促进食品行业发展将具有积极的促进作用。

附录一

中共中央国务院关于深化改革加强食品安全工作的意见

《中共中央、国务院关于深化改革加强食品安全工作的意见》是为了贯彻落实党的十九大报告提出的实施食品安全战略，让人民吃得放心，加强食品安全工作而制定的法规。

2019 年 5 月 9 日，《中共中央、国务院关于深化改革加强食品安全工作的意见》由中共中央、国务院发布实施。

政策全文

中共中央 国务院关于深化改革加强食品安全工作的意见

（2019 年 5 月 9 日）

食品安全关系人民群众身体健康和生命安全，关系中华民族未来。党的十九大报告明确提出实施食品安全战略，让人民吃得放心。这是党中央着眼党和国家事业全局，对食品安全工作作出的重大部署，是决胜全面建成小康社会、全面建设社会主义现代化国家的重大任务。现就深化改革加强食品安全工作提出如下意见。

一、深刻认识食品安全面临的形势

党的十八大以来，以习近平同志为核心的党中央坚持以人民为中心的发展思想，从党和国家事业发展全局、实现中华民族伟大复兴中国梦的战略高度，把食品安全工作放在“五位一体”总体布局和“四个全面”战略布局中统筹谋划部署，在体制机制、法律法规、产业规划、监督管理等方面采取了一系列重大举措。各地区各部门认真贯彻党中央、国务院决策部署，食品产业快速发展，安全标准体系逐步健全，检验检测能力不断提高，全过程监管体系基本建立，重大食品安全风险得到控制，人民群众饮食安全得到保障，食品安全形势不断好转。

但是，我国食品安全工作仍面临不少困难和挑战，形势依然复杂严峻。微生物和重金属污染、农药兽药残留超标、添加剂使用不规范、制假售假等问题时有发生，环境污染对食品安全的影响逐渐显现；违法成本低，维权成本高，法制不够健全，一些生产经营者唯利是图、主体责任意识不强；新业态、新资源潜在风险增多，国际贸易带来的食品安全问题加深；食品安全标准与最严谨标准要求尚有一定差距，风险监测评估预警等基础工作薄弱，基层监管力量和技术手段跟不上；一些地方对食品安全重视不够，责任落实不到位，安全与发展的矛盾仍然突出。这些问题影响到人民群众的获得感、幸福感、安全感，成为全面建成小康社会、全面建设社会主义现代化国家的明显短板。

人民日益增长的美好生活需要对加强食品安全工作提出了新的更高要求；推进国家治理体系和治理能力现代化，推动高质量发展，实施健康中国战略和乡村振兴战略，为解决食品安全问题提供了前所未有的历史机遇。必须深化改革创新，用最严谨的标准、最严格的监管、最严厉的处罚、最严肃的问责，进一步加强食品安全工作，确保人民群众“舌尖上的安全”。

二、总体要求

（一）指导思想

——以习近平新时代中国特色社会主义思想为指导，全面贯彻党的十九大和十九届二中、三中全会精神，坚持和加强党的全面领导，坚持以人民为中心的发展思想，紧紧围绕统筹推进“五位一体”总体布局和协调推进“四个全面”战略布局，坚持稳中求进工作总基调，坚持新发展理念，遵循“四个最严”要求，建立食品安全现代化治理体系，提高从农田到餐桌全过程监管能力，提升食品全链条质量安全保障水平，增强广大人民群众的获得感、幸福感、安全感，为实现“两个一百年”奋斗目标和中华民族伟大复兴的中国梦奠定坚实基础。

（二）基本原则

——坚持安全第一。把保障人民群众食品安全放在首位，坚守安全底线，正确处理安全与发展的关系，促一方发展，保一方安全。

——坚持问题导向。以维护和促进公众健康为目标，从解决人民群众普遍关心的突出问题入手，标本兼治、综合施策，不断增强人民群众的安全感和满意度。

——坚持预防为主。牢固树立风险防范意识，强化风险监测、风险评估和供应链管理，提高风险发现与处置能力。坚持“产”出来和“管”出来两手抓，落实生产经营者主体责任，最大限度消除不安全风险。

——坚持依法监管。强化法治理念，健全法规制度、标准体系，重典治乱，加大检查执法力度，依法从严惩处违法犯罪行为，严把从农田到餐桌的每一道防线。

——坚持改革创新。深化监管体制机制改革，创新监管理念、监管方式，堵塞漏洞、补齐短板，推进食品安全领域国家治理体系和治理能力现代化。

——坚持共治共享。生产经营者自觉履行主体责任，政府部门依法加强监管，公众积极参与社会监督，形成各方各尽其责、齐抓共管、合力共治的工作格局。

（三）总体目标

到2020年，基于风险分析和供应链管理的食品安全监管体系初步建立。农产品和食品抽检量达到4批次／千人，主要农产品质量安全监测总体合格率稳定在97%以上，食品抽检合格率稳定在98%以上，区域性、系统性重大食品安全风险基本得到控制，公众对食品安全的安全感、满意度进一步提高，食品安全整体水平与全面建成小康社会目标基本相适应。

到2035年，基本实现食品安全领域国家治理体系和治理能力现代化。食品安全标准水平进入世界前列，产地环境污染得到有效治理，生产经营者责任意识、诚信意识和食品质量安全管理水平明显提高，经济利益驱动型食品安全违法犯罪明显减少。食品安全风险管控能力达到国际先进水平，从农田到餐桌全过程监管体系运行有效，食品安全状况实现根本好转，人民群众吃得健康、吃得放心。

三、建立最严谨的标准

（四）加快制修订标准。立足国情、对接国际，加快制修订农药残留、兽药残留、重金属、食品污染物、致病性微生物等食品安全通用标准，到2020年农药兽药残留限量指标达到1万项，基本与国际食品法典标准接轨。加快制修订产业发展和监管急需的食品安全基础标准、产品标准、配套检验方法标准。完善食品添加剂、食品相关产品等标准制定。及时修订完善食品标签等标准。

（五）创新标准工作机制。借鉴和转化国际食品安全标准，简化优化食品安全国家标准制修订流程，加快制修订进度。完善食品中有害物质的临时限量值制定机制。建立企业标准公开承诺制度，完善配套管理制度，鼓励企业制定实施严于国家标准或地方标准的企业标准。支持各方参与食品安全国家标准制修订，积极参与国际食品法典标准制定，积极参与国际新兴危害因素的评估分析与管理决策。

（六）强化标准实施。加大食品安全标准解释、宣传贯彻和培训力度，督促食品生产经营者准确理解和应用食品安全标准，维护食品安全标准的强制性。对食品安全标准的使用进行跟踪评价，充分发挥食品安全标准保障食品安全、促进产业发展的基础作用。

四、实施最严格的监管

（七）严把产地环境安全关。实施耕地土壤环境治理保护重大工程。强化土壤污染管控和修复，开展重点地区涉重金属行业污染土壤风险排查和整治。强化大气污染治理，加大重点行业挥发性有机物治理力度。加强流域水污染防治工作。

（八）严把农业投入品生产使用关。严格执行农药兽药、饲料添加剂等农业投入品生产和使用规定，严禁使用国家明令禁止的农业投入品，严格落实定点经营和实名购买制度。将高毒农药禁用范围逐步扩大到所有食用农产品。落实农业生产经营记录制度、农业投入品使用记录制度，指导农户严格执行农药安全间隔期、兽药休药期有关规定，防范农药兽药残留超标。

（九）严把粮食收储质量安全关。做好粮食收购企业资格审核管理，督促企业严格落实出入厂（库）和库存质量检验制度，积极探索建立质量追溯制度，加强烘干、存储和检验监测能力建设，为农户提供粮食烘干存储服务，防止发霉变质受损。健全超标粮食收购处置长效机制，推进无害化处理和资源合理化利用，严禁不符合食品安全标准的粮食流入口粮市场和食品生产企业。

（十）严把食品加工质量安全关。实行生产企业食品安全风险分级管理，在日常监督检查全覆盖基础上，对一般风险企业实施按比例“双随机”抽查，对高风险企业实施重点检查，对问题线索企业实施飞行检查，督促企业生产过程持续合规。加强保健食品等特殊食品监管。将体系检查从婴幼儿配方乳粉逐步扩大到高风险大宗消费食品，着力解决生产过程不合规、非法添加、超范围超限量使用食品添加剂等问题。

（十一）严把流通销售质量安全关。建立覆盖基地贮藏、物流配送、市场批发、销售终端全链条的冷链配送系统，严格执行全过程温控标准和规范，落实食品运输在途监管责任，鼓励使用温控标签，防止食物脱冷变质。督促企业严格执行进货查验记录制度和保质期标识等规定，严查临期、过期食品翻新销售。严格执行畜禽屠宰检验检疫制度。加强食品集中交易市场监管，强化农产品产地准出和市场准入衔接。

（十二）严把餐饮服务质量安全关。全面落实餐饮服务食品安全操作规范，严格执行进货查验、加工操作、清洗消毒、人员管理等规定。集体用餐单位要建立稳定的食材供应渠道和追溯记录，保证购进原料符合食品安全标准。严格落实网络订餐平台责任，保证线上线下餐饮同标同质，保证一次性餐具制品质量安全，所有提供网上订餐服务的餐饮单位必须有实体店经营资格。

五、实行最严厉的处罚

（十三）完善法律法规。研究修订食品安全法及其配套法规制度，修订完善刑法中危害食品安全犯罪和刑罚规定，加快修订农产品质量安全法，研究制定粮食安全保障法，推动农产品追溯入法。加快完善办理危害食品安全刑事案件的司法解释，推动危害食品安全的制假售假行为“直接入刑”。推动建立食品安全司法鉴定制度，明确证据衔接规则、涉案食品检验认定与处置协作配合机制、检验认定时限和费用等有关规定。加快完善食品安全民事纠纷案件司法解释，依法严肃追究故意违法者的民事赔偿责任。

（十四）严厉打击违法犯罪。落实“处罚到人”要求，综合运用各种法律手段，对违法企业及其法定代表人、实际控制人、主要负责人等直接负责的主管人员和其他直接责任人员进行严厉处罚，大幅提高违法成本，实行食品行业从业禁止、终身禁业，对再犯从严从重进行处罚。严厉打击刑事犯罪，对情节严重、影响恶劣的危害食品安全刑事案件依法从重判罚。加强行政执法与刑事司法衔接，行政执法机关发现涉嫌犯罪、依法需要追究刑事责任的，依据行刑衔接有关规定及时移送公安机关，同时抄送检察机关；发现涉嫌职务犯罪线索的，及时移送监察机关。积极完善食品安全民事和行政公益诉讼，做好与民事和行政诉讼的衔接与配合，探索建立食品安全民事公益诉讼惩罚性赔偿制度。

（十五）加强基层综合执法。深化综合执法改革，加强基层综合执法队伍和能力建设，确保有足够资源履行食品安全监管职责。县级市场监管部门及其在乡镇（街道）的派出机构，要以食品安全为首要职责，执法力量向一线岗位倾斜，完善工作流程，提高执法效率。农业综合执法要把保障农产品质量安全作为重点任务。加强执法力量和装备配备，确保执法监管工作落实到位。公安、农业农村、市场监管等部门要落实重大案件联合督办制度，按照国家有关规定，对贡献突出的单位和个人进行表彰奖励。

（十六）强化信用联合惩戒。推进食品工业企业诚信体系建设。建立全国统一的食品生产经营企业信用档案，纳入全国信用信息共享平台和国家企业信用信息公示系统。实行食品生产经营企业信用分级分类管理。进一步完善食品安全严重失信者名单认定机制，加大对失信人员联合惩戒力度。

六、坚持最严肃的问责

（十七）明确监管事权。各省、自治区、直辖市政府要结合实际，依法依规制定食品安全监管事权清单，压实各职能部门在食品安全工作中的行业管理责任。对产品风险高、影响区域广的生产企业监督检查，对重大复杂案件查处和跨区域执法，原则上由省级监管部门负责组织和协调，市县两级监管部门配合，也可实行委托监管、指定监管、派驻监管等制度，确保监管到位。市县两级原则上承担辖区内直接面向市场主体、直接面向消费者的食品生产经营监管和执法事项，保护消费者合法权益。上级监管部门要加强对下级监管部门的监督管理。

（十八）加强评议考核。完善对地方党委和政府食品安全工作评议考核制度，将食品安全工作考核结果作为党政领导班子和领导干部综合考核评价的重要内容，作为干部奖惩和使用、调整的重要参考。对考核达不到要求的，约谈地方党政主要负责人，并督促限期整改。

（十九）严格责任追究。依照监管事权清单，尽职照单免责、失职照单问责。对贯彻落实党中央、国务院有关食品安全工作决策部署不力、履行职责不力、给国家和人民利益造成严重损害的，依规依纪依法追究相关领导责任。对监管工作中失职失责、不作为、乱作为、慢作为、假作为的，依规依纪依法追究相关人员责任；涉嫌犯罪的，依法追究刑事责任。对参与、包庇、放纵危害食品安全违法犯罪行为，弄虚作假、干扰责任调查，帮助伪造、隐匿、毁灭证据的，依法从重追究法律责任。

七、落实生产经营者主体责任

（二十）落实质量安全管理责任。生产经营者是食品安全第一责任人，要结合实际设立食品质量安全管理岗位，配备专业技术人员，严格执行法律法规、标准规范等要求，确保生产经营过程持续合规，确保产品符合食品安全标准。食品质量安全管理岗位人员的法规知识抽查考核合格率要达到90%以上。风险高的大型食品企业要率先建立和实施危害分析和关键控制点体系。保健食品生产经营者要严格落实质量安全主体责任，加强全面质量管理，规范生产行为，确保产品功能声称真实。

（二十一）加强生产经营过程控制。食品生产经营者应当依法对食品安全责任落实情况、食品安全状况进行自查评价。对生产经营条件不符合食品安全要求的，要立即采取整改措施；发现存在食品安全风险的，应当立即停止生产经营活动，并及时报告属地监管部门。要主动监测其上市产品质量安全状况，对存在隐患的，要及时采取风险控制措施。食品生产企业自查报告率要达到90%以上。

（二十二）建立食品安全追溯体系。食用农产品生产经营主体和食品生产企业对其产品追溯负责，依法建立食品安全追溯体系，确保记录真实完整，确保产品来源可查、去向可追。国家建立统一的食用农产品追溯平台，建立食用农产品和食品安全追溯标准和规范，完善全程追溯协作机制。加强全程追溯的示范推广，逐步实现企业信息化追溯体系与政府部门监管平台、重要产品追溯管理平台对接，接受政府监督，互通互享信息。

（二十三）积极投保食品安全责任保险。因食品安全问题造成损害的，食品生产经营者要依法承担赔偿责任。推进肉蛋奶和白酒生产企业、集体用餐单位、农村集体聚餐、大宗食品配送单位、中央厨房和配餐单位主动购买食品安全责任保险，有条件的中小企业要积极投保食品安全责任保险，发挥保险的他律作用和风险分担机制。

八、推动食品产业高质量发展

（二十四）改革许可认证制度。坚持“放管服”相结合，减少制度性交易成本。推进农产品认证制度改革，加快建立食用农产品合格证制度。深化食品生产经营许可改革，优化许可程序，实现全程电子化。推进保健食品注册与备案双轨运行，探索对食品添加剂经营实行备案管理。制定完善食品新业态、新模式监管制度。利用现有相关信息系统，实现全国范围内食品生产经营许可信息可查询。

（二十五）实施质量兴农计划。以乡村振兴战略为引领，以优质安全、绿色发展为目标，推动农业由增产导向转向提质导向。全面推行良好农业规范。创建农业标准化示范区。实施农业品牌提升行动。培育新型农业生产服务主体，推广面向适度规模经营主体特别是小农户的病虫害统防统治专业化服务，逐步减少自行使用农药兽药的农户。

（二十六）推动食品产业转型升级。调整优化食品产业布局，鼓励企业获得认证认可，实施增品种、提品质、创品牌行动。引导食品企业延伸产业链条，建立优质原料生产基地及配套设施，加强与电商平台深度融合，打造有影响力的百年品牌。大力发展专业化、规模化冷链物流企业，保障生鲜食品流通环节质量安全。

（二十七）加大科技支撑力度。将食品安全纳入国家科技计划，加强食品安全领域的科技创新，引导食品企业加大科研投入，完善科技成果转化应用机制。建设一批国际一流的食品安全技术支撑机构和重点实验室，加快引进培养高层次人才和高水平创新团队，重点突破“卡脖子”关键技术。依托国家级专业技术机构，开展基础科学和前沿科学研究，提高食品安全风险发现和防范能力。

九、提高食品安全风险管理能力

（二十八）加强协调配合。完善统一领导、分工负责、分级管理的食品安全监管体制，地方各级党委和政府对本地区食品安全工作负总责。相关职能部门要各司其职、齐抓共管，健全工作协调联动机制，加强跨地区协作配合，发现问题迅速处置，并及时通报上游查明原因、下游控制危害。在城市社区和农村建立专兼职食品安全信息员（协管员）队伍，充分发挥群众监督作用。

（二十九）提高监管队伍专业化水平。强化培训和考核，依托现有资源加强职业化检查队伍建设，提高检查人员专业技能，及时发现和处置风险隐患。完善专业院校课程设置，加强食品学科建设和人才培养。加大公安机关打击食品安全犯罪专业力量、专业装备建设力度。

（三十）加强技术支撑能力建设。推进国家级、省级食品安全专业技术机构能力建设，提升食品安全标准、监测、评估、监管、应急等工作水平。根据标准分类加快建设 7 个食品安全风险评估与标准研制重点实验室。健全以国家级检验机构为龙头，省级检验机构为骨干，市县两级检验机构为基础的食品和农产品质量安全检验检测体系，打造国际一流的国家检验检测平台，落实各级食品和农产品检验机构能力和装备配备标准。严格检验机构资质认定管理、跟踪评价和能力验证，发展社会检验力量。

（三十一）推进“互联网＋食品”监管。建立基于大数据分析的食品安全信息平台，推进大数据、云计算、物联网、人工智能、区块链等技术在食品安全监管领域的应用，实施智慧监管，逐步实现食品安全违法犯罪线索网上排查汇聚和案件网上移送、网上受理、网上监督，提升监管工作信息化水平。

（三十二）完善问题导向的抽检监测机制。国家、省、市、县抽检事权四级统筹、各有侧重、不重不漏，统一制定计划、统一组织实施、统一数据报送、统一结果利用，力争抽检样品覆盖到所有农产品和食品企业、品种、项目，到 2020 年达到 4 批次 / 千人。逐步将监督抽检、风险监测与评价性抽检分离，提高监管的靶向性。完善抽检监测信息通报机制，依法及时公开抽检信息，加强不合格产品的核查处置，控制产品风险。

（三十三）强化突发事件应急处置。修订国家食品安全事故应急预案，完善事故调查、处置、报告、信息发布工作程序。完善食品安全事件预警监测、组织指挥、应急保障、信息报告制度和工作体系，提升应急响应、现场处置、医疗救治能力。加强舆情监测，建立重大舆情收集、分析研判和快速响应机制。

十、推进食品安全社会共治

（三十四）加强风险交流。主动发布权威信息，及时开展风险解读，鼓励研究机构、高校、协会、媒体等参与食品安全风险交流，科学解疑释惑。鼓励企业通过新闻媒体、网络平台等方式直接回应消费者咨询。建立谣言抓取、识别、分析、处置智能化平台，依法坚决打击造谣传谣、欺诈和虚假宣传行为。

（三十五）强化普法和科普宣传。落实“谁执法谁普法”普法责任制，对各类从事食品生产经营活动的单位和个人，持续加强食品安全法律法规、国家标准、科学知识的宣传教育。在中小学开展食品安全与营养教育，有条件的主流媒体可开办食品安全栏目，持续开展“食品安全宣传周”和食品安全进农村、进校园、进企业、进社区等宣传活动，提升公众食品安全素养，改变不洁饮食习俗，避免误采误食，防止发生食源性疾病。普及健康知识，倡导合理膳食，开展营养均衡配餐示范推广，提倡“减盐、减油、减糖”。

（三十六）鼓励社会监督。依法公开行政监管和处罚的标准、依据、结果，接受社会监督。支持行业协会建立行规行约和奖惩机制，强化行业自律。鼓励新闻媒体准确客观报道食品安全问题，有序开展食品安全舆论监督。

（三十七）完善投诉举报机制。畅通投诉举报渠道，落实举报奖励制度。鼓励企业内部知情人举报食品研发、生产、销售等环节中的违法犯罪行为，经查证属实的，按照有关规定给予奖励。加强对举报人的保护，对打击报复举报人的，要依法严肃查处。对恶意举报非法牟利的行为，要依法严厉打击。

十一、开展食品安全放心工程建设攻坚行动

围绕人民群众普遍关心的突出问题，开展食品安全放心工程建设攻坚行动，用5年左右时间，以点带面治理“餐桌污染”，力争取得明显成效。

（三十八）实施风险评估和标准制定专项行动。系统开展食物消费量调查、总膳食研究、毒理学研究等基础性工作，完善风险评估基础数据库。加强食源性疾病、食品中有害物质、环境污染物、食品相关产品等风险监测，系统开展食品中主要危害因素的风险评估，建立更加适用于我国居民的健康指导值。按照最严谨要求和现阶段实际，制定实施计划，加快推进内外销食品标准互补和协调，促进国民健康公平。

（三十九）实施农药兽药使用减量和产地环境净化行动。开展高毒高风险农药淘汰工作，5年内分期分批淘汰现存的10种高毒农药。实施化肥农药减量增效行动、水产养殖用药减量行动、兽药抗菌药治理行动，遏制农药兽药残留超标问题。加强耕地土壤环境类别划分和重金属污染区耕地风险管控与修复，重度污染区域要加快退出食用农产品种植。

（四十）实施国产婴幼儿配方乳粉提升行动。在婴幼儿配方乳粉生产企业全面实施良好生产规范、危害分析和关键控制点体系，自查报告率要达到100%。完善企业批批全检的检验制度，健全安全生产规范体系检查常态化机制。禁止使用进口大包装婴幼儿配方乳粉到境内分装，规范标识标注。支持婴幼儿配方乳粉企业兼并重组，建设自有自控奶源基地，严格奶牛养殖饲料、兽药管理。促进奶源基地实行专业化、规模化、智能化生产，提高原料奶质量。发挥骨干企业引领作用，加大产品研发力度，培育优质品牌。力争3年内显著提升国产婴幼儿配方乳粉的品质、竞争力和美誉度。

（四十一）实施校园食品安全守护行动。严格落实学校食品安全校长（园长）负责制，保证校园食品安全，防范发生群体性食源性疾病事件。全面推行“明厨亮灶”，实行大宗食品公开招标、集中定点采购，建立学校相关负责人陪餐制度，鼓励家长参与监督。对学校食堂、学生集体用餐配送单位、校园周边餐饮门店及食品销售单位实行全覆盖监督检查。落实好农村义务教育学生营养改善计划，保证学生营养餐质量。

（四十二）实施农村假冒伪劣食品治理行动。以农村地区、城乡结合部为主战场，全面清理食品生产经营主体资格，严厉打击制售“三无”食品、假冒食品、劣质食品、过期食品等违法违规行为，坚决取缔“黑工厂”“黑窝点”和“黑作坊”，实现风险隐患排查整治常态化。用 2 – 3 年时间，建立规范的农村食品流通供应体系，净化农村消费市场，提高农村食品安全保障水平。

（四十三）实施餐饮质量安全提升行动。推广“明厨亮灶”、餐饮安全风险分级管理，支持餐饮服务企业发展连锁经营和中央厨房，提升餐饮行业标准化水平，规范快餐、团餐等大众餐饮服务。鼓励餐饮外卖对配送食品进行封签，使用环保可降解的容器包装。大力推进餐厨废弃物资源化利用和无害化处理，防范“地沟油”流入餐桌。开展餐饮门店“厕所革命”，改善就餐环境卫生。

（四十四）实施保健食品行业专项清理整治行动。全面开展严厉打击保健食品欺诈和虚假宣传、虚假广告等违法犯罪行为。广泛开展以老年人识骗、防骗为主要内容的宣传教育活动。加大联合执法力度，大力整治保健食品市场经营秩序，严厉查处各种非法销售保健食品行为，打击传销。完善保健食品标准和标签标识管理。做好消费者维权服务工作。

（四十五）实施“优质粮食工程”行动。完善粮食质量安全检验监测体系，健全为农户提供专业化社会化粮食产后烘干储存销售服务体系。开展“中国好粮油”行动，提高绿色优质安全粮油产品供给水平。

（四十六）实施进口食品“国门守护”行动。将进口食品的境外生产经营企业、国内进口企业等纳入海关信用管理体系，实施差别化监管，开展科学有效的进口食品监督抽检和风险监控，完善企业信用管理、风险预警、产品追溯和快速反应机制，落实跨境电商零售进口监管政策，严防输入型食品安全风险。建立多双边国际合作信息通报机制、跨境检查执法协作机制，共同防控食品安全风险。严厉打击食品走私行为。

（四十七）实施“双安双创”示范引领行动。发挥地方党委和政府积极性，持续开展食品安全示范城市创建和农产品质量安全县创建活动，总结推广经验，落实属地管理责任和生产经营者主体责任。

十二、加强组织领导

（四十八）落实党政同责。地方各级党委和政府要把食品安全作为一项重大政治任务来抓。落实《地方党政领导干部食品安全责任制规定》，明确党委和政府主要负责人为第一责任人，自觉履行组织领导和督促落实食品安全属地管理责任，确保不发生重大食品安全事件。强化各级食品安全委员会及其办公室统筹协调作用，及时研究部署食品安全工作，协调解决跨部门跨地区重大问题。各有关部门要按照管行业必须管安全的要求，对主管领域的食品安全工作承担管理责任。各级农业农村、海关、市场监管等部门要压实监管责任，加强全链条、全流程监管。各地区各有关部门每年 12 月底前要向党中央、国务院报告食品安全工作情况。

（四十九）加大投入保障。健全食品和农产品质量安全财政投入保障机制，将食品和农产品质量安全工作所需经费列入同级财政预算，保障必要的监管执法条件。企业要加大食品质量安全管理方面的投入，鼓励社会资本进入食品安全专业化服务领域，构建多元化投入保障机制。

（五十）激励干部担当。加强监管队伍思想政治建设，增强“四个意识”，坚定“四个自信”，做到“两个维护”，忠实履行监管职责，敢于同危害食品安全的不法行为作斗争。各级党委和政府要关心爱护一线监管执法干部，建立健全容错纠错机制，为敢于担当作为的干部撑腰鼓劲。对在食品安全工作中作出突出贡献的单位和个人，按照国家有关规定给予表彰奖励。鼓励广大监管干部为党和人民干事创业、建功立业。

（五十一）强化组织实施。各地区各有关部门要根据本意见提出的改革任务和工作要求，结合实际认真研究制定具体措施，明确时间表、路线图、责任人，确保各项改革举措落实到位。国务院食品安全委员会办公室要会同有关部门建立协调机制，加强沟通会商，研究解决实施中遇到的问题。要严格督查督办，将实施情况纳入对地方政府食品安全工作督查考评内容，确保各项任务落实到位。

附录二

地方党政领导干部食品安全责任制规定

新华社北京2月24日电　近日，中共中央办公厅、国务院办公厅印发了《地方党政领导干部食品安全责任制规定》，并发出通知，要求各地区各部门遵照执行。

《地方党政领导干部食品安全责任制规定》全文如下。

第一章　总则

第一条　为了进一步落实食品安全党政同责要求，强化食品安全属地管理责任，健全食品安全工作责任制，保障人民群众“舌尖上的安全”，根据有关党内法规和国家法律，制定本规定。

第二条　本规定所称食品安全包括食用农产品质量安全。

本规定所称分管食品安全工作是指分管食用农产品质量安全监管、食品安全监管等工作。

本规定所称食品安全相关工作是指卫生健康、生态环境、粮食、教育、政法、宣传、民政、建设、文化、旅游、交通运输等行业或者领域与食品安全紧密相关的工作，以及为食品安全提供支持的发展改革、科技、工信、财政、商务等领域工作。

第三条　本规定适用于县级以上地方各级党委和政府领导班子成员（以下统称地方党政领导干部）。

第四条　实行地方党政领导干部食品安全责任制，必须坚持以习近平新时代中国特色社会主义思想为指导，增强“四个意识”、坚定“四个自信”、做到“两个维护”，牢固树立以人民为中心的发展思想，贯彻落实食品安全“四个最严”的要求，深入实施食品安全战略，承担起“促一方发展、保一方平安”的政治责任，不断提高食品安全工作水平，努力增强人民群众的获得感、幸福感、安全感。

第五条　建立地方党政领导干部食品安全工作责任制，应当遵循以下原则：

（一）坚持党政同责、一岗双责，权责一致、齐抓共管，失职追责、尽职免责；

（二）坚持谋发展必须谋安全，管行业必须管安全，保民生必须保安全；

（三）坚持综合运用考核、奖励、惩戒等措施，督促地方党政领导干部履行食品安全工作职责，确保党中央、国务院关于食品安全工作的决策部署贯彻落实。

第六条　地方各级党委和政府对本地区食品安全工作负总责，主要负责人是本地区食品安全工作第一责任人，班子其他成员对分管（含协管、联系，下同）行业或者领域内的食品安全工作负责。

第二章　职责

第七条　地方各级党委主要负责人应当全面加强党对本地区食品安全工作的领导，认真贯彻执行党中央关于食品安全工作的方针政策、决策部署和指示精神，上级党委的决定和相关法律法规要求，职责主要包括：

（一）组织学习贯彻习近平总书记关于食品安全工作的重要指示批示精神和党中央关于食品安全工作的方针政策、决策部署，不断提高地方党政领导干部的政治站位，增强做好食品安全工作的责任感和使命感；

（二）全面加强党对本地区食品安全工作的领导，将食品安全工作作为向党委全会报告的重要内容；

（三）建立健全党委常委会委员食品安全相关工作责任清单，督促党委常委会其他委员履行食品安全相关工作责任，并将食品安全工作纳入地方党政领导干部政绩考核内容；

（四）开展食品安全工作专题调研，召开党委常委会会议或者专题会议，听取食品安全工作专题汇报，及时研究解决食品安全工作重大问题，推动完善食品安全治理体系；

（五）加强食品安全工作部门领导班子建设、干部队伍建设和机构建设，不断提升食品安全治理能力；

（六）协调各方重视和支持食品安全工作，加强食品安全宣传，把握正确舆论导向，营造良好工作氛围。

第八条　地方各级政府主要负责人应当加强对本地区食品安全工作的领导，认真贯彻执行党中央、国务院关于食品安全工作的方针政策、决策部署和指示精神，上级党委和政府、本级党委的决定和相关法律法规要求，职责主要包括：

（一）领导本地区食品安全工作，组织推动地方政府落实食品安全属地管理责任；

（二）坚持新发展理念，正确处理发展和安全的关系，将食品安全工作纳入本地区国民经济和社会发展规划、政府工作重点，并接受人大、政协的监督；

（三）建立健全本地区食品安全监管责任体系，明确本级政府领导班子成员食品安全工作责任和政府相关部门食品安全工作职责，指导督促政府领导班子成员和相关部门落实工作责任；

（四）加强食品安全监管能力、执法能力建设，整合监管力量，优化监管机制，提高监管、执法队伍专业化水平，建立健全食品安全财政投入保障机制，保障监管、执法部门依法履职必需的经费和装备；

（五）开展食品安全工作专题调研，组织召开政府常务会议、办公会议或者专题会议，听取本地区食品安全工作汇报，及时研究解决食品安全工作突出问题；

（六）落实高质量发展要求，推进食品及食品相关产业转型升级，不断提高产业发展水平。

第九条　地方各级党委常委会其他委员应当按照职责分工，加强对分管行业或者领域内食品安全相关工作的领导，协助党委主要负责人，统筹推进分管行业或者领域内食品安全相关工作，督促指导相关部门依法履行工作职责，及时研究解决分管行业或者领域内食品安全相关工作问题。

第十条 地方各级政府分管食品安全工作负责人应当加强对本地区食品安全监管工作的领导，具体负责组织本地区食品安全监管工作，职责主要包括：

（一）协助党委和政府主要负责人落实食品安全属地管理责任，组织制定贯彻落实党中央、国务院关于食品安全工作的方针政策、决策部署和指示精神，上级以及本级党委和政府的决定和相关法律法规的具体措施；

（二）组织开展食品安全工作专题调研，研究制定本地区食品安全专项规划、年度重点工作计划，统筹推进本地区食品安全工作；

（三）组织协调食品安全监管部门和相关部门，及时分析食品安全形势，研究解决食品安全领域相关问题，推动完善“从农田到餐桌”全链条全过程食品安全监管机制；

（四）组织推动食品安全监管部门和相关部门建立信息共享机制，推进“互联网+”食品安全监管，不断提升食品安全监管效能和治理能力现代化水平；

（五）组织实施食品安全风险防控、隐患排查和专项治理，坚决防范系统性、区域性食品安全风险；

（六）组织制定食品安全事故应急预案，及时组织开展本地区食品安全突发事件应对处置和调查处理；

（七）组织开展食品安全工作评议考核，督促本级政府相关部门和下级政府落实食品安全工作责任；

（八）组织开展食品安全普法和科普宣传、安全教育、诚信体系建设等工作，推动食品安全社会共治。

第十一条 地方各级政府领导班子其他成员应当按照职责分工，加强对分管行业或者领域内食品安全相关工作的领导，协助政府主要负责人，统筹推进分管行业或者领域内食品安全相关工作，督促指导相关部门依法履行工作职责，及时研究解决分管行业或者领域内食品安全相关工作问题。

第三章　考核监督

第十二条　地方各级党委和政府应当对落实食品安全重大部署、重点工作情况进行跟踪督办。

第十三条　地方各级党委应当结合巡视巡察工作安排，对地方党政领导干部履行食品安全工作职责情况进行检查。

第十四条　地方各级党委和政府应当充分发挥评议考核“指挥棒”作用，推动地方党政领导干部落实食品安全工作责任。

第十五条　跟踪督办、履职检查、评议考核结果应当作为地方党政领导干部考核、奖惩和使用、调整的重要参考。因履职不到位被追究责任的地方党政领导干部，在评优评先、选拔任用等方面按照有关规定执行。

第四章　奖惩

第十六条　地方党政领导干部在食品安全工作中敢于作为、勇于担当、履职尽责，有下列情形之一的，按照有关规定给予表彰奖励：

（一）及时有效组织预防食品安全事故和消除重大食品安全风险隐患，使国家和人民群众利益免受重大损失的；

（二）在食品安全工作中有重大创新并取得显著成效的；

（三）连续在食品安全工作评议考核中成绩优秀的；

（四）作出其他突出贡献的。

第十七条　地方党政领导干部在落实食品安全工作责任中有下列情形之一的，应当按照有关规定进行问责：

（一）未履行本规定职责和要求，或者履职不到位的；

（二）对本区域内发生的重大食品安全事故，或者社会影响恶劣的食品安全事件负有领导责任的；

（三）对本区域内发生的食品安全事故，未及时组织领导有关部门有效处置，造成不良影响或者较大损失的；

（四）对隐瞒、谎报、缓报食品安全事故负有领导责任的；

（五）违规插手、干预食品安全事故依法处理和食品安全违法犯罪案件处理的；

（六）有其他应当问责情形的。

第十八条　地方党政领导干部有本规定第十七条所列情形的，按照干部管理权限依规依纪依法进行问责。涉嫌职务违法犯罪的，由监察机关依法调查处置。

第十九条　地方党政领导干部及时报告失职行为并主动采取补救措施，有效预防或者减少食品安全事故重大损失、挽回社会严重不良影响，或者积极配合问责调查，并主动承担责任的，按照有关规定从轻、减轻追究责任。对工作不力导致重大或者特别重大食品安全事故，或者造成严重不良影响的，应当从重追究责任。

第五章　附则

第二十条　乡镇（街道）党政领导干部，各类开发区管理机构党政领导干部，参照本规定执行。

第二十一条　本规定由市场监管总局会同农业农村部解释。

第二十二条　本规定自2019年2月5日起施行。

附录三

中华人民共和国食品安全法

（2009 年 2 月 28 日第十一届全国人民代表大会常务委员会第七次会议通过 2015 年 4 月 24 日第十二届全国人民代表大会常务委员会第十四次会议修订 根据 2018 年 12 月 29 日第十三届全国人民代表大会常务委员会第七次会议《关于修改〈中华人民共和国产品质量法〉等五部法律的决定》修正）

第一章　总则

第一条　为了保证食品安全，保障公众身体健康和生命安全，制定本法。

第二条　在中华人民共和国境内从事下列活动，应当遵守本法：

（一）食品生产和加工（以下称食品生产），食品销售和餐饮服务（以下称食品经营）；

（二）食品添加剂的生产经营；

（三）用于食品的包装材料、容器、洗涤剂、消毒剂和用于食品生产经营的工具、设备（以下称食品相关产品）

的生产经营；

（四）食品生产经营者使用食品添加剂、食品相关产品；

（五）食品的贮存和运输；

（六）对食品、食品添加剂、食品相关产品的安全管理。

供食用的源于农业的初级产品（以下称食用农产品）的质量安全管理，遵守《中华人民共和国农产品质量安全法》的规定。但是，食用农产品的市场销售、有关质量安全标准的制定、有关安全信息的公布和本法对农业投入品作出规定的，应当遵守本法的规定。

第三条　食品安全工作实行预防为主、风险管理、全程控制、社会共治，建立科学、严格的监督管理制度。

第四条　食品生产经营者对其生产经营食品的安全负责。

食品生产经营者应当依照法律、法规和食品安全标准从事生产经营活动，保证食品安全，诚信自律，对社会和公众负责，接受社会监督，承担社会责任。

第五条　国务院设立食品安全委员会，其职责由国务院规定。

国务院食品安全监督管理部门依照本法和国务院规定的职责，对食品生产经营活动实施监督管理。

国务院卫生行政部门依照本法和国务院规定的职责，组织开展食品安全风险监测和风险评估，会同国务院食品安全监督管理部门制定并公布食品安全国家标准。

国务院其他有关部门依照本法和国务院规定的职责，承担有关食品安全工作。

第六条　县级以上地方人民政府对本行政区域的食品安全监督管理工作负责，统一领导、组织、协调本行政区域的食品安全监督管理工作以及食品安全突发事件应对工作，建立健全食品安全全程监督管理工作机制和信息共享机制。

县级以上地方人民政府依照本法和国务院的规定，确定本级食品安全监督管理、卫生行政部门和其他有关部门的职责。有关部门在各自职责范围内负责本行政区域的食品安全监督管理工作。

县级人民政府食品安全监督管理部门可以在乡镇或者特定区域设立派出机构。

第七条　县级以上地方人民政府实行食品安全监督管理责任制。上级人民政府负责对下一级人民政府的食品安全监督管理工作进行评议、考核。县级以上地方人民政府负责对本级食品安全监督管理部门和其他有关部门的食品安全监督管理工作进行评议、考核。

第八条　县级以上人民政府应当将食品安全工作纳入本级国民经济和社会发展规划，将食品安全工作经费列入本级政府财政预算，加强食品安全监督管理能力建设，为食品安全工作提供保障。

县级以上人民政府食品安全监督管理部门和其他有关部门应当加强沟通、密切配合，按照各自职责分工，依法行使职权，承担责任。

第九条　食品行业协会应当加强行业自律，按照章程建立健全行业规范和奖惩机制，提供食品安全信息、技术等服务，引导和督促食品生产经营者依法生产经营，推动行业诚信建设，宣传、普及食品安全知识。

消费者协会和其他消费者组织对违反本法规定，损害消费者合法权益的行为，依法进行社会监督。

第十条　各级人民政府应当加强食品安全的宣传教育，普及食品安全知识，鼓励社会组织、基层群众性自治组织、食品生产经营者开展食品安全法律、法规以及食品安全标准和知识的普及工作，倡导健康的饮食方式，增强消费者食品安全意识和自我保护能力。

新闻媒体应当开展食品安全法律、法规以及食品安全标准和知识的公益宣传，并对食品安全违法行为进行舆论监督。有关食品安全的宣传报道应当真实、公正。

第十一条　国家鼓励和支持开展与食品安全有关的基础研究、应用研究，鼓励和支持食品生产经营者为提高食品安全水平采用先进技术和先进管理规范。

国家对农药的使用实行严格的管理制度，加快淘汰剧毒、高毒、高残留农药，推动替代产品的研发和应用，鼓励使用高效低毒低残留农药。

第十二条　任何组织或者个人有权举报食品安全违法行为，依法向有关部门了解食品安全信息，对食品安全监督管理工作提出意见和建议。

第十三条　对在食品安全工作中做出突出贡献的单位和个人，按照国家有关规定给予表彰、奖励。

第二章　食品安全风险监测和评估

第十四条　国家建立食品安全风险监测制度，对食源性疾病、食品污染以及食品中的有害因素进行监测。

国务院卫生行政部门会同国务院食品安全监督管理等部门，制定、实施国家食品安全风险监测计划。

国务院食品安全监督管理和其他有关部门获知有关食品安全风险信息后，应当立即核实并向国务院卫生行政部门通报。对有关部门通报的食品安全风险信息以及医疗机构报告的食源性疾病等有关疾病信息，国务院卫生行政部门应当会同国务院有关部门分析研究，认为必要的，及时调整国家食品安全风险监测计划。

省、自治区、直辖市人民政府卫生行政部门会同同级食品安全监督管理等部门，根据国家食品安全风险监测计划，结合本行政区域的具体情况，制定、调整本行政区域的食品安全风险监测方案，报国务院卫生行政部门备案并实施。

第十五条　承担食品安全风险监测工作的技术机构应当根据食品安全风险监测计划和监测方案开展监测工作，保证监测数据真实、准确，并按照食品安全风险监测计划和监测方案的要求报送监测数据和分析结果。

食品安全风险监测工作人员有权进入相关食用农产品种植养殖、食品生产经营场所采集样品、收集相关数据。采集样品应当按照市场价格支付费用。

第十六条　食品安全风险监测结果表明可能存在食品安全隐患的，县级以上人民政府卫生行政部门应当及时将相关信息通报同级食品安全监督管理等部门，并报告本级人民政府和上级人民政府卫生行政部门。食品安全监督管理等部门应当组织开展进一步调查。

第十七条　国家建立食品安全风险评估制度，运用科学方法，根据食品安全风险监测信息、科学数据以及有关信息，对食品、食品添加剂、食品相关产品中生物性、化学性和物理性危害因素进行风险评估。

国务院卫生行政部门负责组织食品安全风险评估工作，成立由医学、农业、食品、营养、生物、环境等方面的专家组成的食品安全风险评估专家委员会进行食品安全风险评估。食品安全风险评估结果由国务院卫生行政部门公布。

对农药、肥料、兽药、饲料和饲料添加剂等的安全性评估，应当有食品安全风险评估专家委员会的专家参加。

食品安全风险评估不得向生产经营者收取费用，采集样品应当按照市场价格支付费用。

第十八条　有下列情形之一的，应当进行食品安全风险评估：

（一）通过食品安全风险监测或者接到举报发现食品、食品添加剂、食品相关产品可能存在安全隐患的；

（二）为制定或者修订食品安全国家标准提供科学依据需要进行风险评估的；

（三）为确定监督管理的重点领域、重点品种需要进行风险评估的；

（四）发现新的可能危害食品安全因素的；

（五）需要判断某一因素是否构成食品安全隐患的；

（六）国务院卫生行政部门认为需要进行风险评估的其他情形。

第十九条　国务院食品安全监督管理、农业行政等部门在监督管理工作中发现需要进行食品安全风险评估的，应当向国务院卫生行政部门提出食品安全风险评估的建议，并提供风险来源、相关检验数据和结论等信息、资料。属于本法第十八条规定情形的，国务院卫生行政部门应当及时进行食品安全风险评估，并向国务院有关部门通报评估结果。

第二十条　省级以上人民政府卫生行政、农业行政部门应当及时相互通报食品、食用农产品安全风险监测信息。

国务院卫生行政、农业行政部门应当及时相互通报食品、食用农产品安全风险评估结果等信息。

第二十一条　食品安全风险评估结果是制定、修订食品安全标准和实施食品安全监督管理的科学依据。

经食品安全风险评估，得出食品、食品添加剂、食品相关产品不安全结论的，国务院食品安全监督管理部门应当依据各自职责立即向社会公告，告知消费者停止食用或者使用，并采取相应措施，确保该食品、食品添加剂、食品相关产品停止生产经营；需要制定、修订相关食品安全国家标准的，国务院卫生行政部门应当会同国务院食品安全监督管理部门立即制定、修订。

第二十二条　国务院食品安全监督管理部门应当会同国务院有关部门，根据食品安全风险评估结果、食品安全监督管理信息，对食品安全状况进行综合分析。对经综合分析表明可能具有较高程度安全风险的食品，国务院食品安全监督管理部门应当及时提出食品安全风险警示，并向社会公布。

第二十三条　县级以上人民政府食品安全监督管理部门和其他有关部门、食品安全风险评估专家委员会及其技术机构，应当按照科学、客观、及时、公开的原则，组织食品生产经营者、食品检验机构、认证机构、食品行业协会、消费者协会以及新闻媒体等，就食品安全风险评估信息和食品安全监督管理信息进行交流沟通。

第三章　食品安全标准

第二十四条　制定食品安全标准，应当以保障公众身体健康为宗旨，做到科学合理、安全可靠。

第二十五条　食品安全标准是强制执行的标准。除食品安全标准外，不得制定其他食品强制性标准。

第二十六条　食品安全标准应当包括下列内容：

（一）食品、食品添加剂、食品相关产品中的致病性微生物，农药残留、兽药残留、生物毒素、重金属等污染物质以及其他危害人体健康物质的限量规定；

（二）食品添加剂的品种、使用范围、用量；

（三）专供婴幼儿和其他特定人群的主辅食品的营养成分要求；

（四）对与卫生、营养等食品安全要求有关的标签、标志、说明书的要求；

（五）食品生产经营过程的卫生要求；

（六）与食品安全有关的质量要求；

（七）与食品安全有关的食品检验方法与规程；

（八）其他需要制定为食品安全标准的内容。

第二十七条　食品安全国家标准由国务院卫生行政部门会同国务院食品安全监督管理部门制定、公布，国务院标准化行政部门提供国家标准编号。

食品中农药残留、兽药残留的限量规定及其检验方法与规程由国务院卫生行政部门、国务院农业行政部门会同国务院食品安全监督管理部门制定。

屠宰畜、禽的检验规程由国务院农业行政部门会同国务院卫生行政部门制定。

第二十八条　制定食品安全国家标准，应当依据食品安全风险评估结果并充分考虑食用农产品安全风险评估结果，参照相关的国际标准和国际食品安全风险评估结果，并将食品安全国家标准草案向社会公布，广泛听取食品生产经营者、消费者、有关部门等方面的意见。

食品安全国家标准应当经国务院卫生行政部门组织的食品安全国家标准审评委员会审查通过。食品安全国家标准审评委员会由医学、农业、食品、营养、生物、环境等方面的专家以及国务院有关部门、食品行业协会、消费者协会的代表组成，对食品安全国家标准草案的科学性和实用性等进行审查。

第二十九条　对地方特色食品，没有食品安全国家标准的，省、自治区、直辖市人民政府卫生行政部门可以制定并公布食品安全地方标准，报国务院卫生行政部门备案。食品安全国家标准制定后，该地方标准即行废止。

第三十条　国家鼓励食品生产企业制定严于食品安全国家标准或者地方标准的企业标准，在本企业适用，并报省、自治区、直辖市人民政府卫生行政部门备案。

第三十一条　省级以上人民政府卫生行政部门应当在其网站上公布制定和备案的食品安全国家标准、地方标准和企业标准，供公众免费查阅、下载。

对食品安全标准执行过程中的问题，县级以上人民政府卫生行政部门应当会同有关部门及时给予指导、解答。

第三十二条　省级以上人民政府卫生行政部门应当会同同级食品安全监督管理、农业行政等部门，分别对食品安全国家标准和地方标准的执行情况进行跟踪评价，并根据评价结果及时修订食品安全标准。

省级以上人民政府食品安全监督管理、农业行政等部门应当对食品安全标准执行中存在的问题进行收集、汇总，并及时向同级卫生行政部门通报。

食品生产经营者、食品行业协会发现食品安全标准在执行中存在问题的，应当立即向卫生行政部门报告。

第四章　食品生产经营

第一节 一般规定

第三十三条　食品生产经营应当符合食品安全标准，并符合下列要求：

（一）具有与生产经营的食品品种、数量相适应的食品原料处理和食品加工、包装、贮存等场所，保持该场所环境整洁，并与有毒、有害场所以及其他污染源保持规定的距离；

（二）具有与生产经营的食品品种、数量相适应的生产经营设备或者设施，有相应的消毒、更衣、盥洗、采光、照明、通风、防腐、防尘、防蝇、防鼠、防虫、洗涤以及处理废水、存放垃圾和废弃物的设备或者设施；

（三）有专职或者兼职的食品安全专业技术人员、食品安全管理人员和保证食品安全的规章制度；

（四）具有合理的设备布局和工艺流程，防止待加工食品与直接入口食品、原料与成品交叉污染，避免食品接触有毒物、不洁物；

（五）餐具、饮具和盛放直接入口食品的容器，使用前应当洗净、消毒，炊具、用具用后应当洗净，保持清洁；

（六）贮存、运输和装卸食品的容器、工具和设备应当安全、无害，保持清洁，防止食品污染，并符合保证食品安全所需的温度、湿度等特殊要求，不得将食品与有毒、有害物品一同贮存、运输；

（七）直接入口的食品应当使用无毒、清洁的包装材料、餐具、饮具和容器；

（八）食品生产经营人员应当保持个人卫生，生产经营食品时，应当将手洗净，穿戴清洁的工作衣、帽等；销售无包装的直接入口食品时，应当使用无毒、清洁的容器、售货工具和设备；

（九）用水应当符合国家规定的生活饮用水卫生标准；

（十）使用的洗涤剂、消毒剂应当对人体安全、无害；

（十一）法律、法规规定的其他要求。

非食品生产经营者从事食品贮存、运输和装卸的，应当符合前款第六项的规定。

第三十四条　禁止生产经营下列食品、食品添加剂、食品相关产品：

（一）用非食品原料生产的食品或者添加食品添加剂以外的化学物质和其他可能危害人体健康物质的食品，或者用回收食品作为原料生产的食品；

（二）致病性微生物，农药残留、兽药残留、生物毒素、重金属等污染物质以及其他危害人体健康的物质含量超过食品安全标准限量的食品、食品添加剂、食品相关产品；

（三）用超过保质期的食品原料、食品添加剂生产的食品、食品添加剂；

（四）超范围、超限量使用食品添加剂的食品；

（五）营养成分不符合食品安全标准的专供婴幼儿和其他特定人群的主辅食品；

（六）腐败变质、油脂酸败、霉变生虫、污秽不洁、混有异物、掺假掺杂或者感官性状异常的食品、食品添加剂；

（七）病死、毒死或者死因不明的禽、畜、兽、水产动物肉类及其制品；

（八）未按规定进行检疫或者检疫不合格的肉类，或者未经检验或者检验不合格的肉类制品；

（九）被包装材料、容器、运输工具等污染的食品、食品添加剂；

（十）标注虚假生产日期、保质期或者超过保质期的食品、食品添加剂；

（十一）无标签的预包装食品、食品添加剂；

（十二）国家为防病等特殊需要明令禁止生产经营的食品；

（十三）其他不符合法律、法规或者食品安全标准的食品、食品添加剂、食品相关产品。

第三十五条　国家对食品生产经营实行许可制度。从事食品生产、食品销售、餐饮服务，应当依法取得许可。但是，销售食用农产品，不需要取得许可。

县级以上地方人民政府食品安全监督管理部门应当依照《中华人民共和国行政许可法》的规定，审核申请人提交的本法第三十三条第一款第一项至第四项规定要求的相关资料，必要时对申请人的生产经营场所进行现场核查；对符合规定条件的，准予许可；对不符合规定条件的，不予许可并书面说明理由。

第三十六条　食品生产加工小作坊和食品摊贩等从事食品生产经营活动，应当符合本法规定的与其生产经营规模、条件相适应的食品安全要求，保证所生产经营的食品卫生、无毒、无害，食品安全监督管理部门应当对其加强监督管理。

县级以上地方人民政府应当对食品生产加工小作坊、食品摊贩等进行综合治理，加强服务和统一规划，改善其生产经营环境，鼓励和支持其改进生产经营条件，进入集中交易市场、店铺等固定场所经营，或者在指定的临时经营区域、时段经营。

食品生产加工小作坊和食品摊贩等的具体管理办法由省、自治区、直辖市制定。

第三十七条　利用新的食品原料生产食品，或者生产食品添加剂新品种、食品相关产品新品种，应当向国务院卫生行政部门提交相关产品的安全性评估材料。国务院卫生行政部门应当自收到申请之日起六十日内组织审查；对符合食品安全要求的，准予许可并公布；对不符合食品安全要求的，不予许可并书面说明理由。

第三十八条　生产经营的食品中不得添加药品，但是可以添加按照传统既是食品又是中药材的物质。按照传统既是食品又是中药材的物质目录由国务院卫生行政部门会同国务院食品安全监督管理部门制定、公布。

第三十九条　国家对食品添加剂生产实行许可制度。从事食品添加剂生产，应当具有与所生产食品添加剂品种相适应的场所、生产设备或者设施、专业技术人员和管理制度，并依照本法第三十五条第二款规定的程序，取得食品添加剂生产许可。

生产食品添加剂应当符合法律、法规和食品安全国家标准。

第四十条　食品添加剂应当在技术上确有必要且经过风险评估证明安全可靠，方可列入允许使用的范围；有关食品安全国家标准应当根据技术必要性和食品安全风险评估结果及时修订。

食品生产经营者应当按照食品安全国家标准使用食品添加剂。

第四十一条　生产食品相关产品应当符合法律、法规和食品安全国家标准。对直接接触食品的包装材料等具有较高风险的食品相关产品，按照国家有关工业产品生产许可证管理的规定实施生产许可。食品安全监督管理部门应当加强对食品相关产品生产活动的监督管理。

第四十二条　国家建立食品安全全程追溯制度。

食品生产经营者应当依照本法的规定，建立食品安全追溯体系，保证食品可追溯。国家鼓励食品生产经营者采用信息化手段采集、留存生产经营信息，建立食品安全追溯体系。

国务院食品安全监督管理部门会同国务院农业行政等有关部门建立食品安全全程追溯协作机制。

第四十三条　地方各级人民政府应当采取措施鼓励食品规模化生产和连锁经营、配送。

国家鼓励食品生产经营企业参加食品安全责任保险。

第二节　生产经营过程控制

第四十四条　食品生产经营企业应当建立健全食品安全管理制度，对职工进行食品安全知识培训，加强食品检验工作，依法从事生产经营活动。

食品生产经营企业的主要负责人应当落实企业食品安全管理制度，对本企业的食品安全工作全面负责。

食品生产经营企业应当配备食品安全管理人员，加强对其培训和考核。经考核不具备食品安全管理能力的，不得上岗。食品安全监督管理部门应当对企业食品安全管理人员随机进行监督抽查考核并公布考核情况。监督抽查考核不得收取费用。

第四十五条　食品生产经营者应当建立并执行从业人员健康管理制度。患有国务院卫生行政部门规定的有碍食品安全疾病的人员，不得从事接触直接入口食品的工作。

从事接触直接入口食品工作的食品生产经营人员应当每年进行健康检查，取得健康证明后方可上岗工作。

第四十六条　食品生产企业应当就下列事项制定并实施控制要求，保证所生产的食品符合食品安全标准：

（一）原料采购、原料验收、投料等原料控制；

（二）生产工序、设备、贮存、包装等生产关键环节控制；

（三）原料检验、半成品检验、成品出厂检验等检验控制；

（四）运输和交付控制。

第四十七条　食品生产经营者应当建立食品安全自查制度，定期对食品安全状况进行检查评价。生产经营条件发生变化，不再符合食品安全要求的，食品生产经营者应当立即采取整改措施；有发生食品安全事故潜在风险的，应当立即停止食品生产经营活动，并向所在地县级人民政府食品安全监督管理部门报告。

第四十八条　国家鼓励食品生产经营企业符合良好生产规范要求，实施危害分析与关键控制点体系，提高食品安全管理水平。

对通过良好生产规范、危害分析与关键控制点体系认证的食品生产经营企业，认证机构应当依法实施跟踪调查；对不再符合认证要求的企业，应当依法撤销认证，及时向县级以上人民政府食品安全监督管理部门通报，并向社会公布。认证机构实施跟踪调查不得收取费用。

第四十九条　食用农产品生产者应当按照食品安全标准和国家有关规定使用农药、肥料、兽药、饲料和饲料添加剂等农业投入品，严格执行农业投入品使用安全间隔期或者休药期的规定，不得使用国家明令禁止的农业投入品。禁止将剧毒、高毒农药用于蔬菜、瓜果、茶叶和中草药材等国家规定的农作物。

食用农产品的生产企业和农民专业合作经济组织应当建立农业投入品使用记录制度。

县级以上人民政府农业行政部门应当加强对农业投入品使用的监督管理和指导，建立健全农业投入品安全使用制度。

第五十条　食品生产者采购食品原料、食品添加剂、食品相关产品，应当查验供货者的许可证和产品合格证明；对无法提供合格证明的食品原料，应当按照食品安全标准进行检验；不得采购或者使用不符合食品安全标准的食品原料、食品添加剂、食品相关产品。

食品生产企业应当建立食品原料、食品添加剂、食品相关产品进货查验记录制度，如实记录食品原料、食品添加剂、食品相关产品的名称、规格、数量、生产日期或者生产批号、保质期、进货日期以及供货者名称、地址、联系方式等内容，并保存相关凭证。记录和凭证保存期限不得少于产品保质期满后六个月；没有明确保质期的，保存期限不得少于二年。

第五十一条　食品生产企业应当建立食品出厂检验记录制度，查验出厂食品的检验合格证和安全状况，如实记录食品的名称、规格、数量、生产日期或者生产批号、保质期、检验合格证号、销售日期以及购货者名称、地址、联系方式等内容，并保存相关凭证。记录和凭证保存期限应当符合本法第五十条第二款的规定。

第五十二条　食品、食品添加剂、食品相关产品的生产者，应当按照食品安全标准对所生产的食品、食品添加剂、食品相关产品进行检验，检验合格后方可出厂或者销售。

第五十三条　食品经营者采购食品，应当查验供货者的许可证和食品出厂检验合格证或者其他合格证明（以下称合格证明文件）。

食品经营企业应当建立食品进货查验记录制度，如实记录食品的名称、规格、数量、生产日期或者生产批号、保质期、进货日期以及供货者名称、地址、联系方式等内容，并保存相关凭证。记录和凭证保存期限应当符合本法第五十条第二款的规定。

实行统一配送经营方式的食品经营企业，可以由企业总部统一查验供货者的许可证和食品合格证明文件，进行食品进货查验记录。

从事食品批发业务的经营企业应当建立食品销售记录制度，如实记录批发食品的名称、规格、数量、生产日期或者生产批号、保质期、销售日期以及购货者名称、地址、联系方式等内容，并保存相关凭证。记录和凭证保存期限应当符合本法第五十条第二款的规定。

第五十四条　食品经营者应当按照保证食品安全的要求贮存食品，定期检查库存食品，及时清理变质或者超过保质期的食品。

食品经营者贮存散装食品，应当在贮存位置标明食品的名称、生产日期或者生产批号、保质期、生产者名称及联系方式等内容。

第五十五条　餐饮服务提供者应当制定并实施原料控制要求，不得采购不符合食品安全标准的食品原料。倡导餐饮服务提供者公开加工过程，公示食品原料及其来源等信息。

餐饮服务提供者在加工过程中应当检查待加工的食品及原料，发现有本法第三十四条第六项规定情形的，不得加工或者使用。

第五十六条　餐饮服务提供者应当定期维护食品加工、贮存、陈列等设施、设备；定期清洗、校验保温设施及冷藏、冷冻设施。

餐饮服务提供者应当按照要求对餐具、饮具进行清洗消毒，不得使用未经清洗消毒的餐具、饮具；餐饮服务提供者委托清洗消毒餐具、饮具的，应当委托符合本法规定条件的餐具、饮具集中消毒服务单位。

第五十七条　学校、托幼机构、养老机构、建筑工地等集中用餐单位的食堂应当严格遵守法律、法规和食品安全标准；从供餐单位订餐的，应当从取得食品生产经营许可的企业订购，并按照要求对订购的食品进行查验。供餐单位应当严格遵守法律、法规和食品安全标准，当餐加工，确保食品安全。

学校、托幼机构、养老机构、建筑工地等集中用餐单位的主管部门应当加强对集中用餐单位的食品安全教育和日常管理，降低食品安全风险，及时消除食品安全隐患。

第五十八条　餐具、饮具集中消毒服务单位应当具备相应的作业场所、清洗消毒设备或者设施，用水和使用的洗涤剂、消毒剂应当符合相关食品安全国家标准和其他国家标准、卫生规范。

餐具、饮具集中消毒服务单位应当对消毒餐具、饮具进行逐批检验，检验合格后方可出厂，并应当随附消毒合格证明。消毒后的餐具、饮具应当在独立包装上标注单位名称、地址、联系方式、消毒日期以及使用期限等内容。

第五十九条　食品添加剂生产者应当建立食品添加剂出厂检验记录制度，查验出厂产品的检验合格证和安全状况，如实记录食品添加剂的名称、规格、数量、生产日期或者生产批号、保质期、检验合格证号、销售日期以及购货者名称、地址、联系方式等相关内容，并保存相关凭证。记录和凭证保存期限应当符合本法第五十条第二款的规定。

第六十条　食品添加剂经营者采购食品添加剂，应当依法查验供货者的许可证和产品合格证明文件，如实记录食品添加剂的名称、规格、数量、生产日期或者生产批号、保质期、进货日期以及供货者名称、地址、联系方式等内容，并保存相关凭证。记录和凭证保存期限应当符合本法第五十条第二款的规定。

第六十一条　集中交易市场的开办者、柜台出租者和展销会举办者，应当依法审查入场食品经营者的许可证，明确其食品安全管理责任，定期对其经营环境和条件进行检查，发现其有违反本法规定行为的，应当及时制止并立即报告所在地县级人民政府食品安全监督管理部门。

第六十二条　网络食品交易第三方平台提供者应当对入网食品经营者进行实名登记，明确其食品安全管理责任；依法应当取得许可证的，还应当审查其许可证。

网络食品交易第三方平台提供者发现入网食品经营者有违反本法规定行为的，应当及时制止并立即报告所在地县级人民政府食品安全监督管理部门；发现严重违法行为的，应当立即停止提供网络交易平台服务。

第六十三条　国家建立食品召回制度。食品生产者发现其生产的食品不符合食品安全标准或者有证据证明可能危害人体健康的，应当立即停止生产，召回已经上市销售的食品，通知相关生产经营者和消费者，并记录召回和通知情况。

食品经营者发现其经营的食品有前款规定情形的，应当立即停止经营，通知相关生产经营者和消费者，并记录停止经营和通知情况。食品生产者认为应当召回的，应当立即召回。由于食品经营者的原因造成其经营的食品有前款规定情形的，食品经营者应当召回。

食品生产经营者应当对召回的食品采取无害化处理、销毁等措施，防止其再次流入市场。但是，对因标签、标志或者说明书不符合食品安全标准而被召回的食品，食品生产者在采取补救措施且能保证食品安全的情况下可以继续销售；销售时应当向消费者明示补救措施。

食品生产经营者应当将食品召回和处理情况向所在地县级人民政府食品安全监督管理部门报告；需要对召回的食品进行无害化处理、销毁的，应当提前报告时间、地点。食品安全监督管理部门认为必要的，可以实施现场监督。

食品生产经营者未依照本条规定召回或者停止经营的，县级以上人民政府食品安全监督管理部门可以责令其召回或者停止经营。

第六十四条　食用农产品批发市场应当配备检验设备和检验人员或者委托符合本法规定的食品检验机构，对进入该批发市场销售的食用农产品进行抽样检验；发现不符合食品安全标准的，应当要求销售者立即停止销售，并向食品安全监督管理部门报告。

第六十五条　食用农产品销售者应当建立食用农产品进货查验记录制度，如实记录食用农产品的名称、数量、进货日期以及供货者名称、地址、联系方式等内容，并保存相关凭证。记录和凭证保存期限不得少于六个月。

第六十六条　进入市场销售的食用农产品在包装、保鲜、贮存、运输中使用保鲜剂、防腐剂等食品添加剂和包装材料等食品相关产品，应当符合食品安全国家标准。

第三节 标签、说明书和广告

第六十七条　预包装食品的包装上应当有标签。标签应当标明下列事项：

（一）名称、规格、净含量、生产日期；

（二）成分或者配料表；

（三）生产者的名称、地址、联系方式；

（四）保质期；

（五）产品标准代号；

（六）贮存条件；

（七）所使用的食品添加剂在国家标准中的通用名称；

（八）生产许可证编号；

（九）法律、法规或者食品安全标准规定应当标明的其他事项。

专供婴幼儿和其他特定人群的主辅食品，其标签还应当标明主要营养成分及其含量。

食品安全国家标准对标签标注事项另有规定的，从其规定。

第六十八条　食品经营者销售散装食品，应当在散装食品的容器、外包装上标明食品的名称、生产日期或者生产批号、保质期以及生产经营者名称、地址、联系方式等内容。

第六十九条　生产经营转基因食品应当按照规定显著标示。

第七十条　食品添加剂应当有标签、说明书和包装。标签、说明书应当载明本法第六十七条第一款第一项至第六项、第八项、第九项规定的事项，以及食品添加剂的使用范围、用量、使用方法，并在标签上载明“食品添加剂”字样。

第七十一条　食品和食品添加剂的标签、说明书，不得含有虚假内容，不得涉及疾病预防、治疗功能。生产经营者对其提供的标签、说明书的内容负责。

食品和食品添加剂的标签、说明书应当清楚、明显，生产日期、保质期等事项应当显著标注，容易辨识。

食品和食品添加剂与其标签、说明书的内容不符的，不得上市销售。

第七十二条　食品经营者应当按照食品标签标示的警示标志、警示说明或者注意事项的要求销售食品。

第七十三条　食品广告的内容应当真实合法，不得含有虚假内容，不得涉及疾病预防、治疗功能。食品生产经营者对食品广告内容的真实性、合法性负责。

县级以上人民政府食品安全监督管理部门和其他有关部门以及食品检验机构、食品行业协会不得以广告或者其他形式向消费者推荐食品。消费者组织不得以收取费用或者其他牟取利益的方式向消费者推荐食品。

第四节 特殊食品

第七十四条　国家对保健食品、特殊医学用途配方食品和婴幼儿配方食品等特殊食品实行严格监督管理。

第七十五条　保健食品声称保健功能，应当具有科学依据，不得对人体产生急性、亚急性或者慢性危害。

保健食品原料目录和允许保健食品声称的保健功能目录，由国务院食品安全监督管理部门会同国务院卫生行政部门、国家中医药管理部门制定、调整并公布。

保健食品原料目录应当包括原料名称、用量及其对应的功效；列入保健食品原料目录的原料只能用于保健食品生产，不得用于其他食品生产。

第七十六条　使用保健食品原料目录以外原料的保健食品和首次进口的保健食品应当经国务院食品安全监督管理部门注册。但是，首次进口的保健食品中属于补充维生素、矿物质等营养物质的，应当报国务院食品安全监督管理部门备案。其他保健食品应当报省、自治区、直辖市人民政府食品安全监督管理部门备案。

进口的保健食品应当是出口国（地区）主管部门准许上市销售的产品。

第七十七条　依法应当注册的保健食品，注册时应当提交保健食品的研发报告、产品配方、生产工艺、安全性和保健功能评价、标签、说明书等材料及样品，并提供相关证明文件。国务院食品安全监督管理经组织技术审评，对符合安全和功能声称要求的，准予注册；对不符合要求的，不予注册并书面说明理由。对使用保健食品原料目录以外原料的保健食品作出准予注册决定的，应当及时将该原料纳入保健食品原料目录。

依法应当备案的保健食品，备案时应当提交产品配方、生产工艺、标签、说明书以及表明产品安全性和保健功能的材料。

第七十八条　保健食品的标签、说明书不得涉及疾病预防、治疗功能，内容应当真实，与注册或者备案的内容相一致，载明适宜人群、不适宜人群、功效成分或者标志性成分及其含量等，并声明“本品不能代替药物”。保健食品的功能和成分应当与标签、说明书相一致。

第七十九条　保健食品广告除应当符合本法第七十三条第一款的规定外，还应当声明“本品不能代替药物”；其内容应当经生产企业所在地省、自治区、直辖市人民政府食品安全监督管理部门审查批准，取得保健食品广告批准文件。省、自治区、直辖市人民政府食品安全监督管理部门应当公布并及时更新已经批准的保健食品广告目录以及批准的广告内容。

第八十条　特殊医学用途配方食品应当经国务院食品安全监督管理部门注册。注册时，应当提交产品配方、生产工艺、标签、说明书以及表明产品安全性、营养充足性和特殊医学用途临床效果的材料。

特殊医学用途配方食品广告适用《中华人民共和国广告法》和其他法律、行政法规关于药品广告管理的规定。

第八十一条　婴幼儿配方食品生产企业应当实施从原料进厂到成品出厂的全过程质量控制，对出厂的婴幼儿配方食品实施逐批检验，保证食品安全。

生产婴幼儿配方食品使用的生鲜乳、辅料等食品原料、食品添加剂等，应当符合法律、行政法规的规定和食品安全国家标准，保证婴幼儿生长发育所需的营养成分。

婴幼儿配方食品生产企业应当将食品原料、食品添加剂、产品配方及标签等事项向省、自治区、直辖市人民政府食品安全监督管理部门备案。

婴幼儿配方乳粉的产品配方应当经国务院食品安全监督管理部门注册。注册时，应当提交配方研发报告和其他表明配方科学性、安全性的材料。

不得以分装方式生产婴幼儿配方乳粉，同一企业不得用同一配方生产不同品牌的婴幼儿配方乳粉。

第八十二条　保健食品、特殊医学用途配方食品、婴幼儿配方乳粉的注册人或者备案人应当对其提交材料的真实性负责。

省级以上人民政府食品安全监督管理部门应当及时公布注册或者备案的保健食品、特殊医学用途配方食品、婴幼儿配方乳粉目录，并对注册或者备案中获知的企业商业秘密予以保密。

保健食品、特殊医学用途配方食品、婴幼儿配方乳粉生产企业应当按照注册或者备案的产品配方、生产工艺等技术要求组织生产。

第八十三条　生产保健食品，特殊医学用途配方食品、婴幼儿配方食品和其他专供特定人群的主辅食品的企业，应当按照良好生产规范的要求建立与所生产食品相适应的生产质量管理体系，定期对该体系的运行情况进行自查，保证其有效运行，并向所在地县级人民政府食品安全监督管理部门提交自查报告。

第五章　食品检验

第八十四条　食品检验机构按照国家有关认证认可的规定取得资质认定后，方可从事食品检验活动。但是，法律另有规定的除外。

食品检验机构的资质认定条件和检验规范，由国务院食品安全监督管理部门规定。

符合本法规定的食品检验机构出具的检验报告具有同等效力。

县级以上人民政府应当整合食品检验资源，实现资源共享。

第八十五条　食品检验由食品检验机构指定的检验人独立进行。

检验人应当依照有关法律、法规的规定，并按照食品安全标准和检验规范对食品进行检验，尊重科学，恪守职业道德，保证出具的检验数据和结论客观、公正，不得出具虚假检验报告。

第八十六条　食品检验实行食品检验机构与检验人负责制。食品检验报告应当加盖食品检验机构公章，并有检验人的签名或者盖章。食品检验机构和检验人对出具的食品检验报告负责。

第八十七条　县级以上人民政府食品安全监督管理部门应当对食品进行定期或者不定期的抽样检验，并依据有关规定公布检验结果，不得免检。进行抽样检验，应当购买抽取的样品，委托符合本法规定的食品检验机构进行检验，并支付相关费用；不得向食品生产经营者收取检验费和其他费用。

第八十八条　对依照本法规定实施的检验结论有异议的，食品生产经营者可以自收到检验结论之日起七个工作日内向实施抽样检验的食品安全监督管理部门或者其上一级食品安全监督管理部门提出复检申请，由受理复检申请的食品安全监督管理部门在公布的复检机构名录中随机确定复检机构进行复检。复检机构出具的复检结论为最终检验结论。复检机构与初检机构不得为同一机构。复检机构名录由国务院认证认可监督管理、食品安全监督管理、卫生行政、农业行政等部门共同公布。

采用国家规定的快速检测方法对食用农产品进行抽查检测，被抽查人对检测结果有异议的，可以自收到检测结果时起四小时内申请复检。复检不得采用快速检测方法。

第八十九条　食品生产企业可以自行对所生产的食品进行检验，也可以委托符合本法规定的食品检验机构进行检验。

食品行业协会和消费者协会等组织、消费者需要委托食品检验机构对食品进行检验的，应当委托符合本法规定的食品检验机构进行。

第九十条　食品添加剂的检验，适用本法有关食品检验的规定。

第六章　食品进出口

第九十一条　国家出入境检验检疫部门对进出口食品安全实施监督管理。

第九十二条　进口的食品、食品添加剂、食品相关产品应当符合我国食品安全国家标准。

进口的食品、食品添加剂应当经出入境检验检疫机构依照进出口商品检验相关法律、行政法规的规定检验合格。

进口的食品、食品添加剂应当按照国家出入境检验检疫部门的要求随附合格证明材料。

第九十三条　进口尚无食品安全国家标准的食品，由境外出口商、境外生产企业或者其委托的进口商向国务院卫生行政部门提交所执行的相关国家（地区）标准或者国际标准。国务院卫生行政部门对相关标准进行审查，认为符合食品安全要求的，决定暂予适用，并及时制定相应的食品安全国家标准。进口利用新的食品原料生产的食品或者进口食品添加剂新品种、食品相关产品新品种，依照本法第三十七条的规定办理。

出入境检验检疫机构按照国务院卫生行政部门的要求，对前款规定的食品、食品添加剂、食品相关产品进行检验。检验结果应当公开。

第九十四条　境外出口商、境外生产企业应当保证向我国出口的食品、食品添加剂、食品相关产品符合本法以及我国其他有关法律、行政法规的规定和食品安全国家标准的要求，并对标签、说明书的内容负责。

进口商应当建立境外出口商、境外生产企业审核制度，重点审核前款规定的内容；审核不合格的，不得进口。

发现进口食品不符合我国食品安全国家标准或者有证据证明可能危害人体健康的，进口商应当立即停止进口，并依照本法第六十三条的规定召回。

第九十五条　境外发生的食品安全事件可能对我国境内造成影响，或者在进口食品、食品添加剂、食品相关产品中发现严重食品安全问题的，国家出入境检验检疫部门应当及时采取风险预警或者控制措施，并向国务院食品安全监督管理、卫生行政、农业行政部门通报。接到通报的部门应当及时采取相应措施。

县级以上人民政府食品安全监督管理部门对国内市场上销售的进口食品、食品添加剂实施监督管理。发现存在严重食品安全问题的，国务院食品安全监督管理部门应当及时向国家出入境检验检疫部门通报。国家出入境检验检疫部门应当及时采取相应措施。

第九十六条　向我国境内出口食品的境外出口商或者代理商、进口食品的进口商应当向国家出入境检验检疫部门备案。向我国境内出口食品的境外食品生产企业应当经国家出入境检验检疫部门注册。已经注册的境外食品生产企业提供虚假材料，或者因其自身的原因致使进口食品发生重大食品安全事故的，国家出入境检验检疫部门

应当撤销注册并公告。

国家出入境检验检疫部门应当定期公布已经备案的境外出口商、代理商、进口商和已经注册的境外食品生产企业名单。

第九十七条　进口的预包装食品、食品添加剂应当有中文标签；依法应当有说明书的，还应当有中文说明书。标签、说明书应当符合本法以及我国其他有关法律、行政法规的规定和食品安全国家标准的要求，并载明食品的原产地以及境内代理商的名称、地址、联系方式。预包装食品没有中文标签、中文说明书或者标签、说明书不符合本条规定的，不得进口。

第九十八条　进口商应当建立食品、食品添加剂进口和销售记录制度，如实记录食品、食品添加剂的名称、规格、数量、生产日期、生产或者进口批号、保质期、境外出口商和购货者名称、地址及联系方式、交货日期等内容，并保存相关凭证。记录和凭证保存期限应当符合本法第五十条第二款的规定。

第九十九条　出口食品生产企业应当保证其出口食品符合进口国（地区）的标准或者合同要求。

出口食品生产企业和出口食品原料种植、养殖场应当向国家出入境检验检疫部门备案。

第一百条　国家出入境检验检疫部门应当收集、汇总下列进出口食品安全信息，并及时通报相关部门、机构和企业：

（一）出入境检验检疫机构对进出口食品实施检验检疫发现的食品安全信息；

（二）食品行业协会和消费者协会等组织、消费者反映的进口食品安全信息；

（三）国际组织、境外政府机构发布的风险预警信息及其他食品安全信息，以及境外食品行业协会等组织、消费者反映的食品安全信息；

（四）其他食品安全信息。

国家出入境检验检疫部门应当对进出口食品的进口商、出口商和出口食品生产企业实施信用管理，建立信用记录，并依法向社会公布。对有不良记录的进口商、出口商和出口食品生产企业，应当加强对其进出口食品的检验检疫。

第一百〇一条　国家出入境检验检疫部门可以对向我国境内出口食品的国家（地区）的食品安全管理体系和食品安全状况进行评估和审查，并根据评估和审查结果，确定相应检验检疫要求。

第七章　食品安全事故处置

第一百〇二条　国务院组织制定国家食品安全事故应急预案。

县级以上地方人民政府应当根据有关法律、法规的规定和上级人民政府的食品安全事故应急预案以及本行政区域的实际情况，制定本行政区域的食品安全事故应急预案，并报上一级人民政府备案。

食品安全事故应急预案应当对食品安全事故分级、事故处置组织指挥体系与职责、预防预警机制、处置程序、应急保障措施等作出规定。

食品生产经营企业应当制定食品安全事故处置方案，定期检查本企业各项食品安全防范措施的落实情况，及时消除事故隐患。

第一百〇三条　发生食品安全事故的单位应当立即采取措施，防止事故扩大。事故单位和接收病人进行治疗的单位应当及时向事故发生地县级人民政府食品安全监督管理、卫生行政部门报告。

县级以上人民政府农业行政等部门在日常监督管理中发现食品安全事故或者接到事故举报，应当立即向同级食品安全监督管理部门通报。

发生食品安全事故，接到报告的县级人民政府食品安全监督管理部门应当按照应急预案的规定向本级人民政府和上级人民政府食品安全监督管理部门报告。县级人民政府和上级人民政府食品安全监督管理部门应当按照应急预案的规定上报。

任何单位和个人不得对食品安全事故隐瞒、谎报、缓报，不得隐匿、伪造、毁灭有关证据。

第一百〇四条　医疗机构发现其接收的病人属于食源性疾病病人或者疑似病人的，应当按照规定及时将相关信息向所在地县级人民政府卫生行政部门报告。县级人民政府卫生行政部门认为与食品安全有关的，应当及时通报同级食品安全监督管理部门。

县级以上人民政府卫生行政部门在调查处理传染病或者其他突发公共卫生事件中发现与食品安全相关的信息，应当及时通报同级食品安全监督管理部门。

第一百〇五条　县级以上人民政府食品安全监督管理部门接到食品安全事故的报告后，应当立即会同同级卫生行政、农业行政等部门进行调查处理，并采取下列措施，防止或者减轻社会危害：

（一）开展应急救援工作，组织救治因食品安全事故导致人身伤害的人员；

（二）封存可能导致食品安全事故的食品及其原料，并立即进行检验；对确认属于被污染的食品及其原料，责令食品生产经营者依照本法第六十三条的规定召回或者停止经营；

（三）封存被污染的食品相关产品，并责令进行清洗消毒；

（四）做好信息发布工作，依法对食品安全事故及其处理情况进行发布，并对可能产生的危害加以解释、说明。

发生食品安全事故需要启动应急预案的，县级以上人民政府应当立即成立事故处置指挥机构，启动应急预案，依照前款和应急预案的规定进行处置。

发生食品安全事故，县级以上疾病预防控制机构应当对事故现场进行卫生处理，并对与事故有关的因素开展流行病学调查，有关部门应当予以协助。县级以上疾病预防控制机构应当向同级食品安全监督管理、卫生行政部门提交流行病学调查报告。

第一百〇六条　发生食品安全事故，设区的市级以上人民政府食品安全监督管理部门应当立即会同有关部门进行事故责任调查，督促有关部门履行职责，向本级人民政府和上一级人民政府食品安全监督管理部门提出事故责任调查处理报告。

涉及两个以上省、自治区、直辖市的重大食品安全事故由国务院食品安全监督管理部门依照前款规定组织事故责任调查。

第一百〇七条　调查食品安全事故，应当坚持实事求是、尊重科学的原则，及时、准确查清事故性质和原因，认定事故责任，提出整改措施。

调查食品安全事故，除了查明事故单位的责任，还应当查明有关监督管理部门、食品检验机构、认证机构及其工作人员的责任。

第一百〇八条　食品安全事故调查部门有权向有关单位和个人了解与事故有关的情况，并要求提供相关资料和样品。有关单位和个人应当予以配合，按照要求提供相关资料和样品，不得拒绝。

任何单位和个人不得阻挠、干涉食品安全事故的调查处理。

第八章　监督管理

第一百〇九条　县级以上人民政府食品安全监督管理部门根据食品安全风险监测、风险评估结果和食品安全状况等，确定监督管理的重点、方式和频次，实施风险分级管理。

县级以上地方人民政府组织本级食品安全监督管理、农业行政等部门制定本行政区域的食品安全年度监督管理计划，向社会公布并组织实施。

食品安全年度监督管理计划应当将下列事项作为监督管理的重点：

（一）专供婴幼儿和其他特定人群的主辅食品；

（二）保健食品生产过程中的添加行为和按照注册或者备案的技术要求组织生产的情况，保健食品标签、说明书以及宣传材料中有关功能宣传的情况；

（三）发生食品安全事故风险较高的食品生产经营者；

（四）食品安全风险监测结果表明可能存在食品安全隐患的事项。

第一百一十条　县级以上人民政府食品安全监督管理部门履行食品安全监督管理职责，有权采取下列措施，对生产经营者遵守本法的情况进行监督检查：

（一）进入生产经营场所实施现场检查；

（二）对生产经营的食品、食品添加剂、食品相关产品进行抽样检验；

（三）查阅、复制有关合同、票据、账簿以及其他有关资料；

（四）查封、扣押有证据证明不符合食品安全标准或者有证据证明存在安全隐患以及用于违法生产经营的食品、食品添加剂、食品相关产品；

（五）查封违法从事生产经营活动的场所。

第一百一十一条　对食品安全风险评估结果证明食品存在安全隐患，需要制定、修订食品安全标准的，在制定、修订食品安全标准前，国务院卫生行政部门应当及时会同国务院有关部门规定食品中有害物质的临时限量值和临时检验方法，作为生产经营和监督管理的依据。

第一百一十二条　县级以上人民政府食品安全监督管理部门在食品安全监督管理工作中可以采用国家规定的快速检测方法对食品进行抽查检测。

对抽查检测结果表明可能不符合食品安全标准的食品，应当依照本法第八十七条的规定进行检验。抽查检测结果确定有关食品不符合食品安全标准的，可以作为行政处罚的依据。

第一百一十三条　县级以上人民政府食品安全监督管理部门应当建立食品生产经营者食品安全信用档案，记录许可颁发、日常监督检查结果、违法行为查处等情况，依法向社会公布并实时更新；对有不良信用记录的食品生产经营者增加监督检查频次，对违法行为情节严重的食品生产经营者，可以通报投资主管部门、证券监督管理机构和有关的金融机构。

第一百一十四条　食品生产经营过程中存在食品安全隐患，未及时采取措施消除的，县级以上人民政府食品安全监督管理部门可以对食品生产经营者的法定代表人或者主要负责人进行责任约谈。食品生产经营者应当立即采取措施，进行整改，消除隐患。责任约谈情况和整改情况应当纳入食品生产经营者食品安全信用档案。

第一百一十五条　县级以上人民政府食品安全监督管理等部门应当公布本部门的电子邮件地址或者电话，接受咨询、投诉、举报。接到咨询、投诉、举报，对属于本部门职责的，应当受理并在法定期限内及时答复、核实、处理；对不属于本部门职责的，应当移交有权处理的部门并书面通知咨询、投诉、举报人。有权处理的部门应当在法定期限内及时处理，不得推诿。对查证属实的举报，给予举报人奖励。

有关部门应当对举报人的信息予以保密，保护举报人的合法权益。举报人举报所在企业的，该企业不得以解除、变更劳动合同或者其他方式对举报人进行打击报复。

第一百一十六条　县级以上人民政府食品安全监督管理等部门应当加强对执法人员食品安全法律、法规、标准和专业知识与执法能力等的培训，并组织考核。不具备相应知识和能力的，不得从事食品安全执法工作。

食品生产经营者、食品行业协会、消费者协会等发现食品安全执法人员在执法过程中有违反法律、法规规定的行为以及不规范执法行为的，可以向本级或者上级人民政府食品安全监督管理等部门或者监察机关投诉、举报。接到投诉、举报的部门或者机关应当进行核实，并将经核实的情况向食品安全执法人员所在部门通报；涉嫌违法违纪的，按照本法和有关规定处理。

第一百一十七条　县级以上人民政府食品安全监督管理等部门未及时发现食品安全系统性风险，未及时消除监督管理区域内的食品安全隐患的，本级人民政府可以对其主要负责人进行责任约谈。

地方人民政府未履行食品安全职责，未及时消除区域性重大食品安全隐患的，上级人民政府可以对其主要负责人进行责任约谈。

被约谈的食品安全监督管理等部门、地方人民政府应当立即采取措施，对食品安全监督管理工作进行整改。

责任约谈情况和整改情况应当纳入地方人民政府和有关部门食品安全监督管理工作评议、考核记录。

第一百一十八条　国家建立统一的食品安全信息平台，实行食品安全信息统一公布制度。国家食品安全总体情况、食品安全风险警示信息、重大食品安全事故及其调查处理信息和国务院确定需要统一公布的其他信息由国务院食品安全监督管理部门统一公布。食品安全风险警示信息和重大食品安全事故及其调查处理信息的影响限于特定区域的，也可以由有关省、自治区、直辖市人民政府食品安全监督管理部门公布。未经授权不得发布上述信息。

县级以上人民政府食品安全监督管理、农业行政部门依据各自职责公布食品安全日常监督管理信息。

公布食品安全信息，应当做到准确、及时，并进行必要的解释说明，避免误导消费者和社会舆论。

第一百一十九条　县级以上地方人民政府食品安全监督管理、卫生行政、农业行政部门获知本法规定需要统一公布的信息，应当向上级主管部门报告，由上级主管部门立即报告国务院食品安全监督管理部门；必要时，可以直接向国务院食品安全监督管理部门报告。

县级以上人民政府食品安全监督管理、卫生行政、农业行政部门应当相互通报获知的食品安全信息。

第一百二十条　任何单位和个人不得编造、散布虚假食品安全信息。

县级以上人民政府食品安全监督管理部门发现可能误导消费者和社会舆论的食品安全信息，应当立即组织有关部门、专业机构、相关食品生产经营者等进行核实、分析，并及时公布结果。

第一百二十一条　县级以上人民政府食品安全监督管理等部门发现涉嫌食品安全犯罪的，应当按照有关规定及时将案件移送公安机关。对移送的案件，公安机关应当及时审查；认为有犯罪事实需要追究刑事责任的，应当立案侦查。

公安机关在食品安全犯罪案件侦查过程中认为没有犯罪事实，或者犯罪事实显著轻微，不需要追究刑事责任，但依法应当追究行政责任的，应当及时将案件移送食品安全监督管理部门和监察机关，有关部门应当依法处理。

公安机关商请食品安全监督管理、生态环境等部门提供检验结论、认定意见以及对涉案物品进行无害化处理等协助的，有关部门应当及时提供，予以协助。

第九章　法律责任

第一百二十二条　违反本法规定，未取得食品生产经营许可从事食品生产经营活动，或者未取得食品添加剂生产许可从事食品添加剂生产活动的，由县级以上人民政府食品安全监督管理部门没收违法所得和违法生产经营的食品、食品添加剂以及用于违法生产经营的工具、设备、原料等物品；违法生产经营的食品、食品添加剂货值金额不足一万元的，并处五万元以上十万元以下罚款；货值金额一万元以上的，并处货值金额十倍以上二十倍以下罚款。

明知从事前款规定的违法行为，仍为其提供生产经营场所或者其他条件的，由县级以上人民政府食品安全监督管理部门责令停止违法行为，没收违法所得，并处五万元以上十万元以下罚款；使消费者的合法权益受到损害的，应当与食品、食品添加剂生产经营者承担连带责任。

第一百二十三条　违反本法规定，有下列情形之一，尚不构成犯罪的，由县级以上人民政府食品安全监督管理部门没收违法所得和违法生产经营的食品，并可以没收用于违法生产经营的工具、设备、原料等物品；违法生产经营的食品货值金额不足一万元的，并处十万元以上十五万元以下罚款；货值金额一万元以上的，并处货值金额十五倍以上三十倍以下罚款；情节严重的，吊销许可证，并可以由公安机关对其直接负责的主管人员和其他直接责任人员处五日以上十五日以下拘留：

（一）用非食品原料生产食品、在食品中添加食品添加剂以外的化学物质和其他可能危害人体健康的物质，或者用回收食品作为原料生产食品，或者经营上述食品；

（二）生产经营营养成分不符合食品安全标准的专供婴幼儿和其他特定人群的主辅食品；

（三）经营病死、毒死或者死因不明的禽、畜、兽、水产动物肉类，或者生产经营其制品；

（四）经营未按规定进行检疫或者检疫不合格的肉类，或者生产经营未经检验或者检验不合格的肉类制品；

（五）生产经营国家为防病等特殊需要明令禁止生产经营的食品；

（六）生产经营添加药品的食品。

明知从事前款规定的违法行为，仍为其提供生产经营场所或者其他条件的，由县级以上人民政府食品安全监督管理部门责令停止违法行为，没收违法所得，并处十万元以上二十万元以下罚款；使消费者的合法权益受到损害的，应当与食品生产经营者承担连带责任。

违法使用剧毒、高毒农药的，除依照有关法律、法规规定给予处罚外，可以由公安机关依照第一款规定给予拘留。

第一百二十四条　违反本法规定，有下列情形之一，尚不构成犯罪的，由县级以上人民政府食品安全监督管理部门没收违法所得和违法生产经营的食品、食品添加剂，并可以没收用于违法生产经营的工具、设备、原料等物品；违法生产经营的食品、食品添加剂货值金额不足一万元的，并处五万元以上十万元以下罚款；货值金额一万元以上的，并处货值金额十倍以上二十倍以下罚款；情节严重的，吊销许可证：

（一）生产经营致病性微生物，农药残留、兽药残留、生物毒素、重金属等污染物质以及其他危害人体健康的物质含量超过食品安全标准限量的食品、食品添加剂；

（二）用超过保质期的食品原料、食品添加剂生产食品、食品添加剂，或者经营上述食品、食品添加剂；

（三）生产经营超范围、超限量使用食品添加剂的食品；

（四）生产经营腐败变质、油脂酸败、霉变生虫、污秽不洁、混有异物、掺假掺杂或者感官性状异常的食品、食品添加剂；

（五）生产经营标注虚假生产日期、保质期或者超过保质期的食品、食品添加剂；

（六）生产经营未按规定注册的保健食品、特殊医学用途配方食品、婴幼儿配方乳粉，或者未按注册的产品配方、生产工艺等技术要求组织生产；

（七）以分装方式生产婴幼儿配方乳粉，或者同一企业以同一配方生产不同品牌的婴幼儿配方乳粉；

（八）利用新的食品原料生产食品，或者生产食品添加剂新品种，未通过安全性评估；

（九）食品生产经营者在食品安全监督管理部门责令其召回或者停止经营后，仍拒不召回或者停止经营。

除前款和本法第一百二十三条、第一百二十五条规定的情形外，生产经营不符合法律、法规或者食品安全标准的食品、食品添加剂的，依照前款规定给予处罚。

生产食品相关产品新品种，未通过安全性评估，或者生产不符合食品安全标准的食品相关产品的，由县级以上人民政府食品安全监督管理部门依照第一款规定给予处罚。

第一百二十五条　违反本法规定，有下列情形之一的，由县级以上人民政府食品安全监督管理部门没收违法所得和违法生产经营的食品、食品添加剂，并可以没收用于违法生产经营的工具、设备、原料等物品；违法生产经营的食品、食品添加剂货值金额不足一万元的，并处五千元以上五万元以下罚款；货值金额一万元以上的，并处货值金额五倍以上十倍以下罚款；情节严重的，责令停产停业，直至吊销许可证：

（一）生产经营被包装材料、容器、运输工具等污染的食品、食品添加剂；

（二）生产经营无标签的预包装食品、食品添加剂或者标签、说明书不符合本法规定的食品、食品添加剂；

（三）生产经营转基因食品未按规定进行标示；

（四）食品生产经营者采购或者使用不符合食品安全标准的食品原料、食品添加剂、食品相关产品。

生产经营的食品、食品添加剂的标签、说明书存在瑕疵但不影响食品安全且不会对消费者造成误导的，由县级以上人民政府食品安全监督管理部门责令改正；拒不改正的，处二千元以下罚款。

第一百二十六条　违反本法规定，有下列情形之一的，由县级以上人民政府食品安全监督管理部门责令改正，给予警告；拒不改正的，处五千元以上五万元以下罚款；情节严重的，责令停产停业，直至吊销许可证：

（一）食品、食品添加剂生产者未按规定对采购的食品原料和生产的食品、食品添加剂进行检验；

（二）食品生产经营企业未按规定建立食品安全管理制度，或者未按规定配备或者培训、考核食品安全管理人员；

（三）食品、食品添加剂生产经营者进货时未查验许可证和相关证明文件，或者未按规定建立并遵守进货查验记录、出厂检验记录和销售记录制度；

（四）食品生产经营企业未制定食品安全事故处置方案；

（五）餐具、饮具和盛放直接入口食品的容器，使用前未经洗净、消毒或者清洗消毒不合格，或者餐饮服务设施、设备未按规定定期维护、清洗、校验；

（六）食品生产经营者安排未取得健康证明或者患有国务院卫生行政部门规定的有碍食品安全疾病的人员从事接触直接入口食品的工作；

（七）食品经营者未按规定要求销售食品；

（八）保健食品生产企业未按规定向食品安全监督管理部门备案，或者未按备案的产品配方、生产工艺等技术要求组织生产；

（九）婴幼儿配方食品生产企业未将食品原料、食品添加剂、产品配方、标签等向食品安全监督管理部门备案；

（十）特殊食品生产企业未按规定建立生产质量管理体系并有效运行，或者未定期提交自查报告；

（十一）食品生产经营者未定期对食品安全状况进行检查评价，或者生产经营条件发生变化，未按规定处理；

（十二）学校、托幼机构、养老机构、建筑工地等集中用餐单位未按规定履行食品安全管理责任；

（十三）食品生产企业、餐饮服务提供者未按规定制定、实施生产经营过程控制要求。

餐具、饮具集中消毒服务单位违反本法规定用水，使用洗涤剂、消毒剂，或者出厂的餐具、饮具未按规定检验合格并随附消毒合格证明，或者未按规定在独立包装上标注相关内容的，由县级以上人民政府卫生行政部门依照前款规定给予处罚。

食品相关产品生产者未按规定对生产的食品相关产品进行检验的，由县级以上人民政府食品安全监督管理部门依照第一款规定给予处罚。

食用农产品销售者违反本法第六十五条规定的，由县级以上人民政府食品安全监督管理部门依照第一款规定给予处罚。

第一百二十七条　对食品生产加工小作坊、食品摊贩等的违法行为的处罚，依照省、自治区、直辖市制定的具体管理办法执行。

第一百二十八条　违反本法规定，事故单位在发生食品安全事故后未进行处置、报告的，由有关主管部门按照各自职责分工责令改正，给予警告；隐匿、伪造、毁灭有关证据的，责令停产停业，没收违法所得，并处十万元以上五十万元以下罚款；造成严重后果的，吊销许可证。

第一百二十九条　违反本法规定，有下列情形之一的，由出入境检验检疫机构依照本法第一百二十四条的规定给予处罚：

（一）提供虚假材料，进口不符合我国食品安全国家标准的食品、食品添加剂、食品相关产品；

（二）进口尚无食品安全国家标准的食品，未提交所执行的标准并经国务院卫生行政部门审查，或者进口利用新的食品原料生产的食品或者进口食品添加剂新品种、食品相关产品新品种，未通过安全性评估；

（三）未遵守本法的规定出口食品；

（四）进口商在有关主管部门责令其依照本法规定召回进口的食品后，仍拒不召回。

违反本法规定，进口商未建立并遵守食品、食品添加剂进口和销售记录制度、境外出口商或者生产企业审核制度的，由出入境检验检疫机构依照本法第一百二十六条的规定给予处罚。

第一百三十条　违反本法规定，集中交易市场的开办者、柜台出租者、展销会的举办者允许未依法取得许可的食品经营者进入市场销售食品，或者未履行检查、报告等义务的，由县级以上人民政府食品安全监督管理部门责令改正，没收违法所得，并处五万元以上二十万元以下罚款；造成严重后果的，责令停业，直至由原发证部门吊销许可证；使消费者的合法权益受到损害的，应当与食品经营者承担连带责任。

食用农产品批发市场违反本法第六十四条规定的，依照前款规定承担责任。

第一百三十一条　违反本法规定，网络食品交易第三方平台提供者未对入网食品经营者进行实名登记、审查许可证，或者未履行报告、停止提供网络交易平台服务等义务的，由县级以上人民政府食品安全监督管理部门责令改正，没收违法所得，并处五万元以上二十万元以下罚款；造成严重后果的，责令停业，直至由原发证部门吊销许可证；使消费者的合法权益受到损害的，应当与食品经营者承担连带责任。

消费者通过网络食品交易第三方平台购买食品，其合法权益受到损害的，可以向入网食品经营者或者食品生产者要求赔偿。网络食品交易第三方平台提供者不能提供入网食品经营者的真实名称、地址和有效联系方式的，由网络食品交易第三方平台提供者赔偿。网络食品交易第三方平台提供者赔偿后，有权向入网食品经营者或者食品生产者追偿。网络食品交易第三方平台提供者作出更有利于消费者承诺的，应当履行其承诺。

第一百三十二条　违反本法规定，未按要求进行食品贮存、运输和装卸的，由县级以上人民政府食品安全监督管理等部门按照各自职责分工责令改正，给予警告；拒不改正的，责令停产停业，并处一万元以上五万元以下罚款；情节严重的，吊销许可证。

第一百三十三条　违反本法规定，拒绝、阻挠、干涉有关部门、机构及其工作人员依法开展食品安全监督检查、事故调查处理、风险监测和风险评估的，由有关主管部门按照各自职责分工责令停产停业，并处二千元以上五万元以下罚款；情节严重的，吊销许可证；构成违反治安管理行为的，由公安机关依法给予治安管理处罚。

违反本法规定，对举报人以解除、变更劳动合同或者其他方式打击报复的，应当依照有关法律的规定承担责任。

第一百三十四条　食品生产经营者在一年内累计三次因违反本法规定受到责令停产停业、吊销许可证以外处罚的，由食品安全监督管理部门责令停产停业，直至吊销许可证。

第一百三十五条　被吊销许可证的食品生产经营者及其法定代表人、直接负责的主管人员和其他直接责任人员自处罚决定作出之日起五年内不得申请食品生产经营许可，或者从事食品生产经营管理工作、担任食品生产经营企业食品安全管理人员。

因食品安全犯罪被判处有期徒刑以上刑罚的，终身不得从事食品生产经营管理工作，也不得担任食品生产经营企业食品安全管理人员。

食品生产经营者聘用人员违反前两款规定的，由县级以上人民政府食品安全监督管理部门吊销许可证。

第一百三十六条　食品经营者履行了本法规定的进货查验等义务，有充分证据证明其不知道所采购的食品不符合食品安全标准，并能如实说明其进货来源的，可以免予处罚，但应当依法没收其不符合食品安全标准的食品；造成人身、财产或者其他损害的，依法承担赔偿责任。

第一百三十七条　违反本法规定，承担食品安全风险监测、风险评估工作的技术机构、技术人员提供虚假监测、评估信息的，依法对技术机构直接负责的主管人员和技术人员给予撤职、开除处分；有执业资格的，由授予其资格的主管部门吊销执业证书。

第一百三十八条　违反本法规定，食品检验机构、食品检验人员出具虚假检验报告的，由授予其资质的主管部门或者机构撤销该食品检验机构的检验资质，没收所收取的检验费用，并处检验费用五倍以上十倍以下罚款，检验费用不足一万元的，并处五万元以上十万元以下罚款；依法对食品检验机构直接负责的主管人员和食品检验人员给予撤职或者开除处分；导致发生重大食品安全事故的，对直接负责的主管人员和食品检验人员给予开除处分。

违反本法规定，受到开除处分的食品检验机构人员，自处分决定作出之日起十年内不得从事食品检验工作；因食品安全违法行为受到刑事处罚或者因出具虚假检验报告导致发生重大食品安全事故受到开除处分的食品检验机构人员，终身不得从事食品检验工作。食品检验机构聘用不得从事食品检验工作的人员的，由授予其资质的主管部门或者机构撤销该食品检验机构的检验资质。

食品检验机构出具虚假检验报告，使消费者的合法权益受到损害的，应当与食品生产经营者承担连带责任。

第一百三十九条　违反本法规定，认证机构出具虚假认证结论，由认证认可监督管理部门没收所收取的认证费用，并处认证费用五倍以上十倍以下罚款，认证费用不足一万元的，并处五万元以上十万元以下罚款；情节严重的，责令停业，直至撤销认证机构批准文件，并向社会公布；对直接负责的主管人员和负有直接责任的认证人员，撤销其执业资格。

认证机构出具虚假认证结论，使消费者的合法权益受到损害的，应当与食品生产经营者承担连带责任。

第一百四十条　违反本法规定，在广告中对食品作虚假宣传，欺骗消费者，或者发布未取得批准文件、广告内容与批准文件不一致的保健食品广告的，依照《中华人民共和国广告法》的规定给予处罚。

广告经营者、发布者设计、制作、发布虚假食品广告，使消费者的合法权益受到损害的，应当与食品生产经营者承担连带责任。

社会团体或者其他组织、个人在虚假广告或者其他虚假宣传中向消费者推荐食品，使消费者的合法权益受到损害的，应当与食品生产经营者承担连带责任。

违反本法规定，食品安全监督管理等部门、食品检验机构、食品行业协会以广告或者其他形式向消费者推荐食品，消费者组织以收取费用或者其他牟取利益的方式向消费者推荐食品的，由有关主管部门没收违法所得，依法对直接负责的主管人员和其他直接责任人员给予记大过、降级或者撤职处分；情节严重的，给予开除处分。

对食品作虚假宣传且情节严重的，由省级以上人民政府食品安全监督管理部门决定暂停销售该食品，并向社会公布；仍然销售该食品的，由县级以上人民政府食品安全监督管理部门没收违法所得和违法销售的食品，并处二万元以上五万元以下罚款。

第一百四十一条　违反本法规定，编造、散布虚假食品安全信息，构成违反治安管理行为的，由公安机关依法给予治安管理处罚。

媒体编造、散布虚假食品安全信息的，由有关主管部门依法给予处罚，并对直接负责的主管人员和其他直接责任人员给予处分；使公民、法人或者其他组织的合法权益受到损害的，依法承担消除影响、恢复名誉、赔偿损失、赔礼道歉等民事责任。

第一百四十二条　违反本法规定，县级以上地方人民政府有下列行为之一的，对直接负责的主管人员和其他直接责任人员给予记大过处分；情节较重的，给予降级或者撤职处分；情节严重的，给予开除处分；造成严重后果的，其主要负责人还应当引咎辞职：

（一）对发生在本行政区域内的食品安全事故，未及时组织协调有关部门开展有效处置，造成不良影响或者损失；

（二）对本行政区域内涉及多环节的区域性食品安全问题，未及时组织整治，造成不良影响或者损失；

（三）隐瞒、谎报、缓报食品安全事故；

（四）本行政区域内发生特别重大食品安全事故，或者连续发生重大食品安全事故。

第一百四十三条　违反本法规定，县级以上地方人民政府有下列行为之一的，对直接负责的主管人员和其他直接责任人员给予警告、记过或者记大过处分；造成严重后果的，给予降级或者撤职处分

（一）未确定有关部门的食品安全监督管理职责，未建立健全食品安全全程监督管理工作机制和信息共享机制，未落实食品安全监督管理责任制；

（二）未制定本行政区域的食品安全事故应急预案，或者发生食品安全事故后未按规定立即成立事故处置指挥机构、启动应急预案。

第一百四十四条　违反本法规定，县级以上人民政府食品安全监督管理、卫生行政、农业行政等部门有下列行为之一的，对直接负责的主管人员和其他直接责任人员给予记大过处分；情节较重的，给予降级或者撤职处分；情节严重的，给予开除处分；造成严重后果的，其主要负责人还应当引咎辞职：

（一）隐瞒、谎报、缓报食品安全事故；

（二）未按规定查处食品安全事故，或者接到食品安全事故报告未及时处理，造成事故扩大或者蔓延；

（三）经食品安全风险评估得出食品、食品添加剂、食品相关产品不安全结论后，未及时采取相应措施，造成食品安全事故或者不良社会影响；

（四）对不符合条件的申请人准予许可，或者超越法定职权准予许可；

（五）不履行食品安全监督管理职责，导致发生食品安全事故。

第一百四十五条　违反本法规定，县级以上人民政府食品安全监督管理、卫生行政、农业行政等部门有下列行为之一，造成不良后果的，对直接负责的主管人员和其他直接责任人员给予警告、记过或者记大过处分；情节较重的，给予降级或者撤职处分；情节严重的，给予开除处分：

（一）在获知有关食品安全信息后，未按规定向上级主管部门和本级人民政府报告，或者未按规定相互通报；

（二）未按规定公布食品安全信息；

（三）不履行法定职责，对查处食品安全违法行为不配合，或者滥用职权、玩忽职守、徇私舞弊。

第一百四十六条　食品安全监督管理等部门在履行食品安全监督管理职责过程中，违法实施检查、强制等执法措施，给生产经营者造成损失的，应当依法予以赔偿，对直接负责的主管人员和其他直接责任人员依法给予处分。

第一百四十七条　违反本法规定，造成人身、财产或者其他损害的，依法承担赔偿责任。生产经营者财产不足以同时承担民事赔偿责任和缴纳罚款、罚金时，先承担民事赔偿责任。

第一百四十八条　消费者因不符合食品安全标准的食品受到损害的，可以向经营者要求赔偿损失，也可以向生产者要求赔偿损失。接到消费者赔偿要求的生产经营者，应当实行首负责任制，先行赔付，不得推诿；属于生产者责任的，经营者赔偿后有权向生产者追偿；属于经营者责任的，生产者赔偿后有权向经营者追偿。

生产不符合食品安全标准的食品或者经营明知是不符合食品安全标准的食品，消费者除要求赔偿损失外，还可以向生产者或者经营者要求支付价款十倍或者损失三倍的赔偿金；增加赔偿的金额不足一千元的，为一千元。但是，食品的标签、说明书存在不影响食品安全且不会对消费者造成误导的瑕疵的除外。

第一百四十九条　违反本法规定，构成犯罪的，依法追究刑事责任。

第十章　附则

第一百五十条　本法下列用语的含义：

食品，指各种供人食用或者饮用的成品和原料以及按照传统既是食品又是中药材的物品，但是不包括以治疗为目的的物品。

食品安全，指食品无毒、无害，符合应当有的营养要求，对人体健康不造成任何急性、亚急性或者慢性危害。

预包装食品，指预先定量包装或者制作在包装材料、容器中的食品。

食品添加剂，指为改善食品品质和色、香、味以及为防腐、保鲜和加工工艺的需要而加入食品中的人工合成或者天然物质，包括营养强化剂。

用于食品的包装材料和容器，指包装、盛放食品或者食品添加剂用的纸、竹、木、金属、搪瓷、陶瓷、塑料、橡胶、天然纤维、化学纤维、玻璃等制品和直接接触食品或者食品添加剂的涂料。

用于食品生产经营的工具、设备，指在食品或者食品添加剂生产、销售、使用过程中直接接触食品或者食品添加剂的机械、管道、传送带、容器、用具、餐具等。

用于食品的洗涤剂、消毒剂，指直接用于洗涤或者消毒食品、餐具、饮具以及直接接触食品的工具、设备或者食品包装材料和容器的物质。

食品保质期，指食品在标明的贮存条件下保持品质的期限。

食源性疾病，指食品中致病因素进入人体引起的感染性、中毒性等疾病，包括食物中毒。

食品安全事故，指食源性疾病、食品污染等源于食品，对人体健康有危害或者可能有危害的事故。

第一百五十一条　转基因食品和食盐的食品安全管理，本法未作规定的，适用其他法律、行政法规的规定。

第一百五十二条　铁路、民航运营中食品安全的管理办法由国务院食品安全监督管理部门会同国务院有关部门依照本法制定。

保健食品的具体管理办法由国务院食品安全监督管理部门依照本法制定。

食品相关产品生产活动的具体管理办法由国务院食品安全监督管理部门依照本法制定。

国境口岸食品的监督管理由出入境检验检疫机构依照本法以及有关法律、行政法规的规定实施。

军队专用食品和自供食品的食品安全管理办法由中央军事委员会依照本法制定。

第一百五十三条　国务院根据实际需要，可以对食品安全监督管理体制作出调整。

第一百五十四条　本法自 2015 年 10 月 1 日起施行。

附录四

国家食品安全事故应急预案

《国家食品安全事故应急预案》于 2011 年 10 月 5 日修订。该《预案》分总则，组织机构及职责，应急保障，监测预警、报告与评估，应急响应，后期处置，附则 7 部分，自发布之日起施行。

1 总 则

1.1 编制目的

建立健全应对食品安全事故运行机制，有效预防、积极应对食品安全事故，高效组织应急处置工作，最大限度地减少食品安全事故的危害，保障公众健康与生命安全，维护正常的社会经济秩序。

1.2 编制依据

依据《中华人民共和国突发事件应对法》、《中华人民共和国食品安全法》、《中华人民共和国农产品质量安全法》、《中华人民共和国食品安全法实施条例》、《突发公共卫生事件应急条例》和《国家突发公共事件总体应急预案》，制定本预案。

1.3 事故分级

食品安全事故，指食物中毒、食源性疾病、食品污染等源于食品，对人体健康有危害或者可能有危害的事故。食品安全事故共分四级，即特别重大食品安全事故、重大食品安全事故、较大食品安全事故和一般食品安全事故。事故等级的评估核定，由卫生行政部门会同有关部门依照有关规定进行。

1.4 事故处置原则

（1）以人为本，减少危害。把保障公众健康和生命安全作为应急处置的首要任务，最大限度减少食品安全事故造成的人员伤亡和健康损害。

（2）统一领导，分级负责。按照“统一领导、综合协调、分类管理、分级负责、属地管理为主”的应急管理体制，建立快速反应、协同应对的食品安全事故应急机制。

（3）科学评估，依法处置。有效使用食品安全风险监测、评估和预警等科学手段；充分发挥专业队伍的作用，提高应对食品安全事故的水平和能力。

（4）居安思危，预防为主。坚持预防与应急相结合，常态与非常态相结合，做好应急准备，落实各项防范措施，防患于未然。建立健全日常管理制度，加强食品安全风险监测、评估和预警；加强宣教培训，提高公众自我防范和应对食品安全事故的意识和能力。

2 组织机构及职责

2.1 应急机制启动

食品安全事故发生后，卫生行政部门依法组织对事故进行分析评估，核定事故级别。特别重大食品安全事故，由卫生部会同食品安全办向国务院提出启动Ⅰ级响应的建议，经国务院批准后，成立国家特别重大食品安全事故应急处置指挥部（以下简称指挥部），统一领导和指挥事故应急处置工作；重大、较大、一般食品安全事故，分别由事故所在地省、市、县级人民政府组织成立相应应急处置指挥机构，统一组织开展本行政区域事故应急处置工作。

2.2 指挥部设置

指挥部成员单位根据事故的性质和应急处置工作的需要确定，主要包括卫生部、农业部、商务部、工商总局、质检总局、食品药品监管局、铁道部、粮食局、中央宣传部、教育部、工业和信息化部、公安部、监察部、民政部、财政部、环境保护部、交通运输部、海关总署、旅游局、新闻办、民航局和食品安全办等部门以及相关行业协会组织。当事故涉及国外、港澳台时，增加外交部、港澳办、台办等部门为成员单位。由卫生部、食品安全办等有关部门人员组成指挥部办公室。

2.3 指挥部职责

指挥部负责统一领导事故应急处置工作；研究重大应急决策和部署；组织发布事故的重要信息；审议批准指挥部办公室提交的应急处置工作报告；应急处置的其他工作。

2.4 指挥部办公室职责

指挥部办公室承担指挥部的日常工作，主要负责贯彻落实指挥部的各项部署，组织实施事故应急处置工作；检查督促相关地区和部门做好各项应急处置工作，及时有效地控制事故，防止事态蔓延扩大；研究协调解决事故应急处理工作中的具体问题；向国务院、指挥部及其成员单位报告、通报事故应急处置的工作情况；组织信息发布。指挥部办公室建立会商、发文、信息发布和督查等制度，确保快速反应、高效处置。

2.5 成员单位职责

各成员单位在指挥部统一领导下开展工作，加强对事故发生地人民政府有关部门工作的督促、指导，积极参与应急救援工作。

2.6 工作组设置及职责

根据事故处置需要，指挥部可下设若干工作组，分别开展相关工作。各工作组在指挥部的统一指挥下开展工作，并随时向指挥部办公室报告工作开展情况。

（1）事故调查组

由卫生部牵头，会同公安部、监察部及相关部门负责调查事故发生原因，评估事故影响，尽快查明致病原因，作出调查结论，提出事故防范意见；对涉嫌犯罪的，由公安部负责，督促、指导涉案地公安机关立案侦办，查清事实，依法追究刑事责任；对监管部门及其他机关工作人员的失职、渎职等行为进行调查。根据实际需要，事故调查组可以设置在事故发生地或派出部分人员赴现场开展事故调查（简称前方工作组）。

（2）危害控制组

由事故发生环节的具体监管职能部门牵头，会同相关监管部门监督、指导事故发生地政府职能部门召回、下架、封存有关食品、原料、食品添加剂及食品相关产品，严格控制流通渠道，防止危害蔓延扩大。

（3）医疗救治组

由卫生部负责，结合事故调查组的调查情况，制定最佳救治方案，指导事故发生地人民政府卫生部门对健康受到危害的人员进行医疗救治。

（4）检测评估组

由卫生部牵头，提出检测方案和要求，组织实施相关检测，综合分析各方检测数据，查找事故原因和评估事故发展趋势，预测事故后果，为制定现场抢救方案和采取控制措施提供参考。检测评估结果要及时报告指挥部办公室。

（5）维护稳定组

由公安部牵头，指导事故发生地人民政府公安机关加强治安管理，维护社会稳定。

（6）新闻宣传组

由中央宣传部牵头，会同新闻办、卫生部等部门组织事故处置宣传报道和舆论引导，并配合相关部门做好信息发布工作。

（7）专家组

指挥部成立由有关方面专家组成的专家组，负责对事故进行分析评估，为应急响应的调整和解除以及应急处置工作提供决策建议，必要时参与应急处置。

2.7 应急处置专业技术机构

医疗、疾病预防控制以及各有关部门的食品安全相关技术机构作为食品安全事故应急处置专业技术机构，应当在卫生行政部门及有关食品安全监管部门组织领导下开展应急处置相关工作。

3 应急保障

3.1 信息保障

卫生部会同国务院有关监管部门建立国家统一的食品安全信息网络体系，包含食品安全监测、事故报告与通报、食品安全事故隐患预警等内容；建立健全医疗救治信息网络，实现信息共享。卫生部负责食品安全信息网络体系的统一管理。

有关部门应当设立信息报告和举报电话，畅通信息报告渠道，确保食品安全事故的及时报告与相关信息的及时收集。

3.2 医疗保障

卫生行政部门建立功能完善、反应灵敏、运转协调、持续发展的医疗救治体系，在食品安全事故造成人员伤害时迅速开展医疗救治。

3.3 人员及技术保障

应急处置专业技术机构要结合本机构职责开展专业技术人员食品安全事故应急处置能力培训，加强应急处置力量建设，提高快速应对能力和技术水平。健全专家队伍，为事故核实、级别核定、事故隐患预警及应急响应等相关技术工作提供人才保障。国务院有关部门加强食品安全事故监测、预警、预防和应急处置等技术研发，促进国内外交流与合作，为食品安全事故应急处置提供技术保障。

3.4 物资与经费保障

食品安全事故应急处置所需设施、设备和物资的储备与调用应当得到保障；使用储备物资后须及时补充；食品安全事故应急处置、产品抽样及检验等所需经费应当列入年度财政预算，保障应急资金。

3.5 社会动员保障

根据食品安全事故应急处置的需要，动员和组织社会力量协助参与应急处置，必要时依法调用企业及个人物资。在动用社会力量或企业、个人物资进行应急处置后，应当及时归还或给予补偿。

3.6 宣教培训

国务院有关部门应当加强对食品安全专业人员、食品生产经营者及广大消费者的食品安全知识宣传、教育与培训，促进专业人员掌握食品安全相关工作技能，增强食品生产经营者的责任意识，提高消费者的风险意识和防范能力。

4 监测预警、报告与评估

4.1 监测预警

卫生部会同国务院有关部门根据国家食品安全风险监测工作需要，在综合利用现有监测机构能力的基础上，制定和实施加强国家食品安全风险监测能力建设规划，建立覆盖全国的食源性疾病、食品污染和食品中有害因素监测体系。卫生部根据食品安全风险监测结果，对食品安全状况进行综合分析，对可能具有较高程度安全风险的食品，提出并公布食品安全风险警示信息。

有关监管部门发现食品安全隐患或问题，应及时通报卫生行政部门和有关方面，依法及时采取有效控制措施。

4.2 事故报告

4.2.1 事故信息来源

（1）食品安全事故发生单位与引发食品安全事故食品的生产经营单位报告的信息；

（2）医疗机构报告的信息；

（3）食品安全相关技术机构监测和分析结果；

（4）经核实的公众举报信息；

（5）经核实的媒体披露与报道信息；

（6）世界卫生组织等国际机构、其他国家和地区通报我国信息。

4.2.2 报告主体和时限

（1）食品生产经营者发现其生产经营的食品造成或者可能造成公众健康损害的情况和信息，应当在 2 小时内向所在地县级卫生行政部门和负责本单位食品安全监管工作的有关部门报告。

（2）发生可能与食品有关的急性群体性健康损害的单位，应当在 2 小时内向所在地县级卫生行政部门和有关监管部门报告。

（3）接收食品安全事故病人治疗的单位，应当按照卫生部有关规定及时向所在地县级卫生行政部门和有关监管部门报告。

（4）食品安全相关技术机构、有关社会团体及个人发现食品安全事故相关情况，应当及时向县级卫生行政部门和有关监管部门报告或举报。

（5）有关监管部门发现食品安全事故或接到食品安全事故报告或举报，应当立即通报同级卫生行政部门和其他有关部门，经初步核实后，要继续收集相关信息，并及时将有关情况进一步向卫生行政部门和其他有关监管部门通报。

（6）经初步核实为食品安全事故且需要启动应急响应的，卫生行政部门应当按规定向本级人民政府及上级人民政府卫生行政部门报告；必要时，可直接向卫生部报告。

4.2.3 报告内容

食品生产经营者、医疗、技术机构和社会团体、个人向卫生行政部门和有关监管部门报告疑似食品安全事故信息时，应当包括事故发生时间、地点和人数等基本情况。

有关监管部门报告食品安全事故信息时，应当包括事故发生单位、时间、地点、危害程度、伤亡人数、事故报告单位信息（含报告时间、报告单位联系人员及联系方式）、已采取措施、事故简要经过等内容；并随时通报或者补报工作进展。

4.3 事故评估

4.3.1 有关监管部门应当按有关规定及时向卫生行政部门提供相关信息和资料，由卫生行政部门统一组织协调开展食品安全事故评估。

4.3.2 食品安全事故评估是为核定食品安全事故级别和确定应采取的措施而进行的评估。评估内容包括：

（1）污染食品可能导致的健康损害及所涉及的范围，是否已造成健康损害后果及严重程度；

（2）事故的影响范围及严重程度；

（3）事故发展蔓延趋势。

5 应急响应

5.1 分级响应

根据食品安全事故分级情况，食品安全事故应急响应分为Ⅰ级、Ⅱ级、Ⅲ级和Ⅳ级响应。核定为特别重大食品安全事故，报经国务院批准并宣布启动Ⅰ级响应后，指挥部立即成立运行，组织开展应急处置。重大、较大、一般食品安全事故分别由事故发生地的省、市、县级人民政府启动相应级别响应，成立食品安全事故应急处置指挥机构进行处置。必要时上级人民政府派出工作组指导、协助事故应急处置工作。

启动食品安全事故Ⅰ级响应期间，指挥部成员单位在指挥部的统一指挥与调度下，按相应职责做好事故应急处置相关工作。事发地省级人民政府按照指挥部的统一部署，组织协调地市级、县级人民政府全力开展应急处置，并及时报告相关工作进展情况。事故发生单位按照相应的处置方案开展先期处置，并配合卫生行政部门及有关部门做好食品安全事故的应急处置。

食源性疾病中涉及传染病疫情的，按照《中华人民共和国传染病防治法》和《国家突发公共卫生事件应急预案》等相关规定开展疫情防控和应急处置。

5.2 应急处置措施

事故发生后，根据事故性质、特点和危害程度，立即组织有关部门，依照有关规定采取下列应急处置措施，以最大限度减轻事故危害：

（1）卫生行政部门有效利用医疗资源，组织指导医疗机构开展食品安全事故患者的救治。

（2）卫生行政部门及时组织疾病预防控制机构开展流行病学调查与检测，相关部门及时组织检验机构开展抽样检验，尽快查找食品安全事故发生的原因。对涉嫌犯罪的，公安机关及时介入，开展相关违法犯罪行为侦破工作。

（3）农业行政、质量监督、检验检疫、工商行政管理、食品药品监管、商务等有关部门应当依法强制性就地或异地封存事故相关食品及原料和被污染的食品用工具及用具，待卫生行政部门查明导致食品安全事故的原因后，责令食品生产经营者彻底清洗消毒被污染的食品用工具及用具，消除污染。

（4）对确认受到有毒有害物质污染的相关食品及原料，农业行政、质量监督、工商行政管理、食品药品监管等有关监管部门应当依法责令生产经营者召回、停止经营及进出口并销毁。检验后确认未被污染的应当予以解封。

（5）及时组织研判事故发展态势，并向事故可能蔓延到的地方人民政府通报信息，提醒做好应对准备。事故可能影响到国（境）外时，及时协调有关涉外部门做好相关通报工作。

5.3 检测分析评估

应急处置专业技术机构应当对引发食品安全事故的相关危险因素及时进行检测。专家组对检测数据进行综合分析和评估，分析事故发展趋势、预测事故后果，为制定事故调查和现场处置方案提供参考。有关部门对食品安全事故相关危险因素消除或控制，事故中伤病人员救治，现场、受污染食品控制，食品与环境，次生、衍生事故隐患消除等情况进行分析评估。

5.4 响应级别调整及终止

在食品安全事故处置过程中，要遵循事故发生发展的客观规律，结合实际情况和防控工作需要，根据评估结果及时调整应急响应级别，直至响应终止。

5.4.1 响应级别调整及终止条件

（1）级别提升

当事故进一步加重，影响和危害扩大，并有蔓延趋势，情况复杂难以控制时，应当及时提升响应级别。当学校或托幼机构、全国性或区域性重要活动期间发生食品安全事故时，可相应提高响应级别，加大应急处置力度，确保迅速、有效控制食品安全事故，维护社会稳定。

（2）级别降低

事故危害得到有效控制，且经研判认为事故危害降低到原级别评估标准以下或无进一步扩散趋势的，可降低应急响应级别。

（3）响应终止

当食品安全事故得到控制，并达到以下两项要求，经分析评估认为可解除响应的，应当及时终止响应：

——食品安全事故伤病员全部得到救治，原患者病情稳定 24 小时以上，且无新的急性病症患者出现，食源性感染性疾病在末例患者后经过最长潜伏期无新病例出现；

——现场、受污染食品得以有效控制，食品与环境污染得到有效清理并符合相关标准，次生、衍生事故隐患消除。

5.4.2 响应级别调整及终止程序

指挥部组织对事故进行分析评估论证。评估认为符合级别调整条件的，指挥部提出调整应急响应级别建议，报同级人民政府批准后实施。应急响应级别调整后，事故相关地区人民政府应当结合调整后级别采取相应措施。评估认为符合响应终止条件时，指挥部提出终止响应的建议，报同级人民政府批准后实施。上级人民政府有关部门应当根据下级人民政府有关部门的请求，及时组织专家为食品安全事故响应级别调整和终止的分析论证提供技术支持与指导。

5.5 信息发布

事故信息发布由指挥部或其办公室统一组织，采取召开新闻发布会、发布新闻通稿等多种形式向社会发布，做好宣传报道和舆论引导。

6 后期处置

6.1 善后处置

事发地人民政府及有关部门要积极稳妥、深入细致地做好善后处置工作，消除事故影响，恢复正常秩序。完善相关政策，促进行业健康发展。

食品安全事故发生后，保险机构应当及时开展应急救援人员保险受理和受灾人员保险理赔工作。造成食品安全事故的责任单位和责任人应当按照有关规定对受害人给予赔偿，承担受害人后续治疗及保障等相关费用。

6.2 奖惩

6.2.1 奖励

对在食品安全事故应急管理和处置工作中作出突出贡献的先进集体和个人，应当给予表彰和奖励。

6.2.2 责任追究

对迟报、谎报、瞒报和漏报食品安全事故重要情况或者应急管理工作中有其他失职、渎职行为的，依法追究有关责任单位或责任人的责任；构成犯罪的，依法追究刑事责任。

6.3 总结

食品安全事故善后处置工作结束后，卫生行政部门应当组织有关部门及时对食品安全事故和应急处置工作进行总结，分析事故原因和影响因素，评估应急处置工作开展情况和效果，提出对类似事故的防范和处置建议，完成总结报告。

7 附则

7.1 预案管理与更新

与食品安全事故处置有关的法律法规被修订，部门职责或应急资源发生变化，应急预案在实施过程中出现新情况或新问题时，要结合实际及时修订与完善本预案。

国务院有关食品安全监管部门、地方各级人民政府参照本预案，制定本部门和地方食品安全事故应急预案。

7.2 演习演练

国务院有关部门要开展食品安全事故应急演练，以检验和强化应急准备和应急响应能力，并通过对演习演练的总结评估，完善应急预案。

7.3 预案实施

本预案自发布之日起施行。

附录五

中华人民共和国野生动物保护法

（1988 年 11 月 8 日第七届全国人民代表大会常务委员会第四次会议通过　根据 2004 年 8 月 28 日第十届全国人民代表大会常务委员会第十一次会议《关于修改〈中华人民共和国野生动物保护法〉的决定》第一次修正　根据 2009 年 8 月 27 日第十一届全国人民代表大会常务委员会第十次会议《关于修改部分法律的决定》第二次修正　2016 年 7 月 2 日第十二届全国人民代表大会常务委员会第二十一次会议修订　根据 2018 年 10 月 26 日第十三届全国人民代表大会常务委员会第六次会议《关于修改〈中华人民共和国野生动物保护法〉等十五部法律的决定》第三次修正）

第一章　总　则

第一条　为了保护野生动物，拯救珍贵、濒危野生动物，维护生物多样性和生态平衡，推进生态文明建设，制定本法。

第二条　在中华人民共和国领域及管辖的其他海域，从事野生动物保护及相关活动，适用本法。本法规定保护的野生动物，是指珍贵、濒危的陆生、水生野生动物和有重要生态、科学、社会价值的陆生野生动物。

本法规定的野生动物及其制品，是指野生动物的整体（含卵、蛋）、部分及其衍生物。

珍贵、濒危的水生野生动物以外的其他水生野生动物的保护，适用《中华人民共和国渔业法》等有关法律的规定。

第三条　野生动物资源属于国家所有。

国家保障依法从事野生动物科学研究、人工繁育等保护及相关活动的组织和个人的合法权益。

第四条　国家对野生动物实行保护优先、规范利用、严格监管的原则，鼓励开展野生动物科学研究，培育公民保护野生动物的意识，促进人与自然和谐发展。

第五条　国家保护野生动物及其栖息地。县级以上人民政府应当制定野生动物及其栖息地相关保护规划和措施，并将野生动物保护经费纳入预算。

国家鼓励公民、法人和其他组织依法通过捐赠、资助、志愿服务等方式参与野生动物保护活动，支持野生动物保护公益事业。

本法规定的野生动物栖息地，是指野生动物野外种群生息繁衍的重要区域。

第六条　任何组织和个人都有保护野生动物及其栖息地的义务。禁止违法猎捕野生动物、破坏野生动物栖息地。

任何组织和个人都有权向有关部门和机关举报或者控告违反本法的行为。野生动物保护主管部门和其他有关部门、机关对举报或者控告，应当及时依法处理。

第七条　国务院林业草原、渔业主管部门分别主管全国陆生、水生野生动物保护工作。

县级以上地方人民政府林业草原、渔业主管部门分别主管本行政区域内陆生、水生野生动物保护工作。

第八条　各级人民政府应当加强野生动物保护的宣传教育和科学知识普及工作，鼓励和支持基层群众性自治组织、社会组织、企业事业单位、志愿者开展野生动物保护法律法规和保护知识的宣传活动。

教育行政部门、学校应当对学生进行野生动物保护知识教育。

新闻媒体应当开展野生动物保护法律法规和保护知识的宣传，对违法行为进行舆论监督。

第九条　在野生动物保护和科学研究方面成绩显著的组织和个人，由县级以上人民政府给予奖励。

第二章　野生动物及其栖息地保护

第十条　国家对野生动物实行分类分级保护。

国家对珍贵、濒危的野生动物实行重点保护。国家重点保护的野生动物分为一级保护野生动物和二级保护野生动物。国家重点保护野生动物名录，由国务院野生动物保护主管部门组织科学评估后制定，并每五年根据评估情况确定对名录进行调整。国家重点保护野生动物名录报国务院批准公布。

地方重点保护野生动物，是指国家重点保护野生动物以外，由省、自治区、直辖市重点保护的野生动物。地方重点保护野生动物名录，由省、自治区、直辖市人民政府组织科学评估后制定、调整并公布。

有重要生态、科学、社会价值的陆生野生动物名录，由国务院野生动物保护主管部门组织科学评估后制定、调整并公布。

第十一条　县级以上人民政府野生动物保护主管部门，应当定期组织或者委托有关科学研究机构对野生动物及其栖息地状况进行调查、监测和评估，建立健全野生动物及其栖息地档案。

对野生动物及其栖息地状况的调查、监测和评估应当包括下列内容：

（一）野生动物野外分布区域、种群数量及结构；

（二）野生动物栖息地的面积、生态状况；

（三）野生动物及其栖息地的主要威胁因素；

（四）野生动物人工繁育情况等其他需要调查、监测和评估的内容。

第十二条　国务院野生动物保护主管部门应当会同国务院有关部门，根据野生动物及其栖息地状况的调查、监测和评估结果，确定并发布野生动物重要栖息地名录。

省级以上人民政府依法划定相关自然保护区域，保护野生动物及其重要栖息地，保护、恢复和改善野生动物生存环境。对不具备划定相关自然保护区域条件的，县级以上人民政府可以采取划定禁猎（渔）区、规定禁猎（渔）期等其他形式予以保护。

禁止或者限制在相关自然保护区域内引入外来物种、营造单一纯林、过量施洒农药等人为干扰、威胁野生动物生息繁衍的行为。

相关自然保护区域，依照有关法律法规的规定划定和管理。

第十三条　县级以上人民政府及其有关部门在编制有关开发利用规划时，应当充分考虑野生动物及其栖息地保护的需要，分析、预测和评估规划实施可能对野生动物及其栖息地保护产生的整体影响，避免或者减少规划实施可能造成的不利后果。

禁止在相关自然保护区域建设法律法规规定不得建设的项目。机场、铁路、公路、水利水电、围堰、围填海等建设项目的选址选线，应当避让相关自然保护区域、野生动物迁徙洄游通道；无法避让的，应当采取修建野生动物通道、过鱼设施等措施，消除或者减少对野生动物的不利影响。

建设项目可能对相关自然保护区域、野生动物迁徙洄游通道产生影响的，环境影响评价文件的审批部门在审批环境影响评价文件时，涉及国家重点保护野生动物的，应当征求国务院野生动物保护主管部门意见；涉及地方重点保护野生动物的，应当征求省、自治区、直辖市人民政府野生动物保护主管部门意见。

第十四条　各级野生动物保护主管部门应当监视、监测环境对野生动物的影响。由于环境影响对野生动物造成危害时，野生动物保护主管部门应当会同有关部门进行调查处理。

第十五条　国家或者地方重点保护野生动物受到自然灾害、重大环境污染事故等突发事件威胁时，当地人民政府应当及时采取应急救助措施。

县级以上人民政府野生动物保护主管部门应当按照国家有关规定组织开展野生动物收容救护工作。

禁止以野生动物收容救护为名买卖野生动物及其制品。

第十六条　县级以上人民政府野生动物保护主管部门、兽医主管部门，应当按照职责分工对野生动物疫源疫病进行监测，组织开展预测、预报等工作，并按照规定制定野生动物疫情应急预案，报同级人民政府批准或者备案。

县级以上人民政府野生动物保护主管部门、兽医主管部门、卫生主管部门，应当按照职责分工负责与人畜共患传染病有关的动物传染病的防治管理工作。

第十七条　国家加强对野生动物遗传资源的保护，对濒危野生动物实施抢救性保护。

国务院野生动物保护主管部门应当会同国务院有关部门制定有关野生动物遗传资源保护和利用规划，建立国家野生动物遗传资源基因库，对原产我国的珍贵、濒危野生动物遗传资源实行重点保护。

第十八条　有关地方人民政府应当采取措施，预防、控制野生动物可能造成的危害，保障人畜安全和农业、林业生产。

第十九条　因保护本法规定保护的野生动物，造成人员伤亡、农作物或者其他财产损失的，由当地人民政府给予补偿。具体办法由省、自治区、直辖市人民政府制定。有关地方人民政府可以推动保险机构开展野生动物致害赔偿保险业务。

有关地方人民政府采取预防、控制国家重点保护野生动物造成危害的措施以及实行补偿所需经费，由中央财政按照国家有关规定予以补助。

第三章　野生动物管理

第二十条　在相关自然保护区域和禁猎（渔）区、禁猎（渔）期内，禁止猎捕以及其他妨碍野生动物生息繁衍的活动，但法律法规另有规定的除外。

野生动物迁徙洄游期间，在前款规定区域外的迁徙洄游通道内，禁止猎捕并严格限制其他妨碍野生动物生息繁衍的活动。迁徙洄游通道的范围以及妨碍野生动物生息繁衍活动的内容，由县级以上人民政府或者其野生动物保护主管部门规定并公布。

第二十一条　禁止猎捕、杀害国家重点保护野生动物。

因科学研究、种群调控、疫源疫病监测或者其他特殊情况，需要猎捕国家一级保护野生动物的，应当向国务院野生动物保护主管部门申请特许猎捕证；需要猎捕国家二级保护野生动物的，应当向省、自治区、直辖市人民政府野生动物保护主管部门申请特许猎捕证。

第二十二条　猎捕非国家重点保护野生动物的，应当依法取得县级以上地方人民政府野生动物保护主管部门核发的狩猎证，并且服从猎捕量限额管理。

第二十三条　猎捕者应当按照特许猎捕证、狩猎证规定的种类、数量、地点、工具、方法和期限进行猎捕。

持枪猎捕的，应当依法取得公安机关核发的持枪证。

第二十四条　禁止使用毒药、爆炸物、电击或者电子诱捕装置以及猎套、猎夹、地枪、排铳等工具进行猎捕，禁止使用夜间照明行猎、歼灭性围猎、捣毁巢穴、火攻、烟熏、网捕等方法进行猎捕，但因科学研究确需网捕、电子诱捕的除外。

前款规定以外的禁止使用的猎捕工具和方法，由县级以上地方人民政府规定并公布。

第二十五条　国家支持有关科学研究机构因物种保护目的人工繁育国家重点保护野生动物。

前款规定以外的人工繁育国家重点保护野生动物实行许可制度。人工繁育国家重点保护野生动物的，应当经省、自治区、直辖市人民政府野生动物保护主管部门批准，取得人工繁育许可证，但国务院对批准机关另有规定的除外。

人工繁育国家重点保护野生动物应当使用人工繁育子代种源，建立物种系谱、繁育档案和个体数据。因物种保护目的确需采用野外种源的，适用本法第二十一条和第二十三条的规定。

本法所称人工繁育子代，是指人工控制条件下繁殖出生的子代个体且其亲本也在人工控制条件下出生。

第二十六条　人工繁育国家重点保护野生动物应当有利于物种保护及其科学研究，不得破坏野外种群资源，并根据野生动物习性确保其具有必要的活动空间和生息繁衍、卫生健康条件，具备与其繁育目的、种类、发展规模相适应的场所、设施、技术，符合有关技术标准和防疫要求，不得虐待野生动物。

省级以上人民政府野生动物保护主管部门可以根据保护国家重点保护野生动物的需要，组织开展国家重点保护野生动物放归野外环境工作。

第二十七条　禁止出售、购买、利用国家重点保护野生动物及其制品。

因科学研究、人工繁育、公众展示展演、文物保护或者其他特殊情况，需要出售、购买、利用国家重点保护野生动物及其制品的，应当经省、自治区、直辖市人民政府野生动物保护主管部门批准，并按照规定取得和使用专用标识，保证可追溯，但国务院对批准机关另有规定的除外。

实行国家重点保护野生动物及其制品专用标识的范围和管理办法，由国务院野生动物保护主管部门规定。

出售、利用非国家重点保护野生动物的，应当提供狩猎、进出口等合法来源证明。

出售本条第二款、第四款规定的野生动物的，还应当依法附有检疫证明。

第二十八条　对人工繁育技术成熟稳定的国家重点保护野生动物，经科学论证，纳入国务院野生动物保护主管部门制定的人工繁育国家重点保护野生动物名录。对列入名录的野生动物及其制品，可以凭人工繁育许可证，按照省、自治区、直辖市人民政府野生动物保护主管部门核验的年度生产数量直接取得专用标识，凭专用标识出售和利用，保证可追溯。

对本法第十条规定的国家重点保护野生动物名录进行调整时，根据有关野外种群保护情况，可以对前款规定的有关人工繁育技术成熟稳定野生动物的人工种群，不再列入国家重点保护野生动物名录，实行与野外种群不同的管理措施，但应当依照本法第二十五条第二款和本条第一款的规定取得人工繁育许可证和专用标识。

第二十九条　利用野生动物及其制品的，应当以人工繁育种群为主，有利于野外种群养护，符合生态文明建设的要求，尊重社会公德，遵守法律法规和国家有关规定。

野生动物及其制品作为药品经营和利用的，还应当遵守有关药品管理的法律法规。

第三十条　禁止生产、经营使用国家重点保护野生动物及其制品制作的食品，或者使用没有合法来源证明的非国家重点保护野生动物及其制品制作的食品。

禁止为食用非法购买国家重点保护的野生动物及其制品。

第三十一条　禁止为出售、购买、利用野生动物或者禁止使用的猎捕工具发布广告。禁止为违法出售、购买、利用野生动物制品发布广告。

第三十二条　禁止网络交易平台、商品交易市场等交易场所，为违法出售、购买、利用野生动物及其制品或者禁止使用的猎捕工具提供交易服务。

第三十三条　运输、携带、寄递国家重点保护野生动物及其制品、本法第二十八条第二款规定的野生动物及其制品出县境的，应当持有或者附有本法第二十一条、第二十五条、第二十七条或者第二十八条规定的许可证、批准文件的副本或者专用标识，以及检疫证明。

运输非国家重点保护野生动物出县境的，应当持有狩猎、进出口等合法来源证明，以及检疫证明。

第三十四条　县级以上人民政府野生动物保护主管部门应当对科学研究、人工繁育、公众展示展演等利用野生动物及其制品的活动进行监督管理。

县级以上人民政府其他有关部门，应当按照职责分工对野生动物及其制品出售、购买、利用、运输、寄递等活动进行监督检查。

第三十五条　中华人民共和国缔结或者参加的国际公约禁止或者限制贸易的野生动物或者其制品名录，由国家濒危物种进出口管理机构制定、调整并公布。

进出口列入前款名录的野生动物或者其制品的，出口国家重点保护野生动物或者其制品的，应当经国务院野生动物保护主管部门或者国务院批准，并取得国家濒危物种进出口管理机构核发的允许进出口证明书。海关依法实施进出境检疫，凭允许进出口证明书、检疫证明按照规定办理通关手续。

涉及科学技术保密的野生动物物种的出口，按照国务院有关规定办理。

列入本条第一款名录的野生动物，经国务院野生动物保护主管部门核准，在本法适用范围内可以按照国家重点保护的野生动物管理。

第三十六条　国家组织开展野生动物保护及相关执法活动的国际合作与交流；建立防范、打击野生动物及其制品的走私和非法贸易的部门协调机制，开展防范、打击走私和非法贸易行动。

第三十七条　从境外引进野生动物物种的，应当经国务院野生动物保护主管部门批准。从境外引进列入本法第三十五条第一款名录的野生动物，还应当依法取得允许进出口证明书。海关依法实施进境检疫，凭进口批准文件或者允许进出口证明书以及检疫证明按照规定办理通关手续。

从境外引进野生动物物种的，应当采取安全可靠的防范措施，防止其进入野外环境，避免对生态系统造成危害。确需将其放归野外的，按照国家有关规定执行。

第三十八条　任何组织和个人将野生动物放生至野外环境，应当选择适合放生地野外生存的当地物种，不得干扰当地居民的正常生活、生产，避免对生态系统造成危害。随意放生野生动物，造成他人人身、财产损害或者危害生态系统的，依法承担法律责任。

第三十九条　禁止伪造、变造、买卖、转让、租借特许猎捕证、狩猎证、人工繁育许可证及专用标识，出售、购买、利用国家重点保护野生动物及其制品的批准文件，或者允许进出口证明书、进出口等批准文件。

前款规定的有关许可证书、专用标识、批准文件的发放情况，应当依法公开。

第四十条　外国人在我国对国家重点保护野生动物进行野外考察或者在野外拍摄电影、录像，应当经省、自治区、直辖市人民政府野生动物保护主管部门或者其授权的单位批准，并遵守有关法律法规规定。

第四十一条　地方重点保护野生动物和其他非国家重点保护野生动物的管理办法，由省、自治区、直辖市人民代表大会或者其常务委员会制定。

第四章 法律责任

第四十二条 野生动物保护主管部门或者其他有关部门、机关不依法作出行政许可决定，发现违法行为或者接到对违法行为的举报不予查处或者不依法查处，或者有滥用职权等其他不依法履行职责的行为的，由本级人民政府或者上级人民政府有关部门、机关责令改正，对负有责任的主管人员和其他直接责任人员依法给予记过、记大过或者降级处分；造成严重后果的，给予撤职或者开除处分，其主要负责人应当引咎辞职；构成犯罪的，依法追究刑事责任。

第四十三条 违反本法第十二条第三款、第十三条第二款规定的，依照有关法律法规的规定处罚。

第四十四条 违反本法第十五条第三款规定，以收容救护为名买卖野生动物及其制品的，由县级以上人民政府野生动物保护主管部门没收野生动物及其制品、违法所得，并处野生动物及其制品价值二倍以上十倍以下的罚款，将有关违法信息记入社会诚信档案，向社会公布；构成犯罪的，依法追究刑事责任。

第四十五条 违反本法第二十条、第二十一条、第二十三条第一款、第二十四条第一款规定，在相关自然保护区域、禁猎（渔）区、禁猎（渔）期猎捕国家重点保护野生动物，未取得特许猎捕证、未按照特许猎捕证规定猎捕、杀害国家重点保护野生动物，或者使用禁用的工具、方法猎捕国家重点保护野生动物的，由县级以上人民政府野生动物保护主管部门、海洋执法部门或者有关保护区域管理机构按照职责分工没收猎获物、猎捕工具和违法所得，吊销特许猎捕证，并处猎获物价值二倍以上十倍以下的罚款；没有猎获物的，并处一万元以上五万元以下的罚款；构成犯罪的，依法追究刑事责任。

第四十六条 违反本法第二十条、第二十二条、第二十三条第一款、第二十四条第一款规定，在相关自然保护区域、禁猎（渔）区、禁猎（渔）期猎捕非国家重点保护野生动物，未取得狩猎证、未按照狩猎证规定猎捕非国家重点保护野生动物，或者使用禁用的工具、方法猎捕非国家重点保护野生动物的，由县级以上地方人民政府野生动物保护主管部门或者有关保护区域管理机构按照职责分工没收猎获物、猎捕工具和违法所得，吊销狩猎证，

并处猎获物价值一倍以上五倍以下的罚款；没有猎获物的，并处二千元以上一万元以下的罚款；构成犯罪的，依法追究刑事责任。

违反本法第二十三条第二款规定，未取得持枪证持枪猎捕野生动物，构成违反治安管理行为的，由公安机关依法给予治安管理处罚；构成犯罪的，依法追究刑事责任。

第四十七条　违反本法第二十五条第二款规定，未取得人工繁育许可证繁育国家重点保护野生动物或者本法第二十八条第二款规定的野生动物的，由县级以上人民政府野生动物保护主管部门没收野生动物及其制品，并处野生动物及其制品价值一倍以上五倍以下的罚款。

第四十八条　违反本法第二十七条第一款和第二款、第二十八条第一款、第三十三条第一款规定，未经批准、未取得或者未按照规定使用专用标识，或者未持有、未附有人工繁育许可证、批准文件的副本或者专用标识出售、购买、利用、运输、携带、寄递国家重点保护野生动物及其制品或者本法第二十八条第二款规定的野生动物及其制品的，由县级以上人民政府野生动物保护主管部门或者市场监督管理部门按照职责分工没收野生动物及其制品和违法所得，并处野生动物及其制品价值二倍以上十倍以下的罚款；情节严重的，吊销人工繁育许可证、撤销批准文件、收回专用标识；构成犯罪的，依法追究刑事责任。违反本法第二十七条第四款、第三十三条第二款规定，未持有合法来源证明出售、利用、运输非国家重点保护野生动物的，由县级以上地方人民政府野生动物保护主管部门或者市场监督管理部门按照职责分工没收野生动物，并处野生动物价值一倍以上五倍以下的罚款。违反本法第二十七条第五款、第三十三条规定，出售、运输、携带、寄递有关野生动物及其制品未持有或者未附有检疫证明的，依照《中华人民共和国动物防疫法》的规定处罚。

第四十九条　违反本法第三十条规定，生产、经营使用国家重点保护野生动物及其制品或者没有合法来源证明的非国家重点保护野生动物及其制品制作食品，或者为食用非法购买国家重点保护的野生动物及其制品的，由县级以上人民政府野生动物保护主管部门或者市场监督管理部门按照职责分工责令停止违法行为，没收野生动物及其制品和违法所得，并处野生动物及其制品价值二倍以上十倍以下的罚款；构成犯罪的，依法追究刑事责任。

第五十条　违反本法第三十一条规定，为出售、购买、利用野生动物及其制品或者禁止使用的猎捕工具发布广告的，依照《中华人民共和国广告法》的规定处罚。

第五十一条　违反本法第三十二条规定，为违法出售、购买、利用野生动物及其制品或者禁止使用的猎捕工具提供交易服务的，由县级以上人民政府市场监督管理部门责令停止违法行为，限期改正，没收违法所得，并处违法所得二倍以上五倍以下的罚款；没有违法所得的，处一万元以上五万元以下的罚款；构成犯罪的，依法追究刑事责任。

第五十二条　违反本法第三十五条规定，进出口野生动物或者其制品的，由海关、公安机关、海洋执法部门依照法律、行政法规和国家有关规定处罚；构成犯罪的，依法追究刑事责任。

第五十三条　违反本法第三十七条第一款规定，从境外引进野生动物物种的，由县级以上人民政府野生动物保护主管部门没收所引进的野生动物，并处五万元以上二十五万元以下的罚款；未依法实施进境检疫的，依照《中华人民共和国进出境动植物检疫法》的规定处罚；构成犯罪的，依法追究刑事责任。

第五十四条　违反本法第三十七条第二款规定，将从境外引进的野生动物放归野外环境的，由县级以上人民政府野生动物保护主管部门责令限期捕回，处一万元以上五万元以下的罚款；逾期不捕回的，由有关野生动物保护主管部门代为捕回或者采取降低影响的措施，所需费用由被责令限期捕回者承担。

第五十五条　违反本法第三十九条第一款规定，伪造、变造、买卖、转让、租借有关证件、专用标识或者有关批准文件的，由县级以上人民政府野生动物保护主管部门没收违法证件、专用标识、有关批准文件和违法所得，并处五万元以上二十五万元以下的罚款；构成违反治安管理行为的，由公安机关依法给予治安管理处罚；构成犯罪的，依法追究刑事责任。

第五十六条　依照本法规定没收的实物，由县级以上人民政府野生动物保护主管部门或者其授权的单位按照规定处理。

第五十七条　本法规定的猎获物价值、野生动物及其制品价值的评估标准和方法，由国务院野生动物保护主管部门制定。

第五章　附　则

第五十八条　本法自 2017 年 1 月 1 日起施行。

附录六

突发公共卫生事件应急条例

根据2010年12月29日国务院第138次常务会议通过的《国务院关于废止和修改部分行政法规的决定》修正，《突发公共卫生事件应急条例》中引用的"治安管理处罚条例"修改为"治安管理处罚法"，2011年1月8日公布并实施。

突发公共卫生事件应急条例

第一章　总　则

第一条　为了有效预防、及时控制和消除突发公共卫生事件的危害，保障公众身体健康与生命安全，维护正常的社会秩序，制定本条例。

第二条　本条例所称突发公共卫生事件（以下简称突发事件），是指突然发生，造成或者可能造成社会公众健康严重损害的重大传染病疫情、群体性不明原因疾病、重大食物和职业中毒以及其他严重影响公众健康的事件。

第三条　突发事件发生后，国务院设立全国突发事件应急处理指挥部，由国务院有关部门和军队有关部门组成，国务院主管领导人担任总指挥，负责对全国突发事件应急处理的统一领导、统一指挥。

国务院卫生行政主管部门和其他有关部门，在各自的职责范围内做好突发事件应急处理的有关工作。

第四条　突发事件发生后，省、自治区、直辖市人民政府成立地方突发事件应急处理指挥部，省、自治区、直辖市人民政府主要领导人担任总指挥，负责领导、指挥本行政区域内突发事件应急处理工作。

县级以上地方人民政府卫生行政主管部门，具体负责组织突发事件的调查、控制和医疗救治工作。

县级以上地方人民政府有关部门，在各自的职责范围内做好突发事件应急处理的有关工作。

第五条　突发事件应急工作，应当遵循预防为主、常备不懈的方针，贯彻统一领导、分级负责、反应及时、措施果断、依靠科学、加强合作的原则。

第六条　县级以上各级人民政府应当组织开展防治突发事件相关科学研究，建立突发事件应急流行病学调查、传染源隔离、医疗救护、现场处置、监督检查、监测检验、卫生防护等有关物资、设备、设施、技术与人才资源储备，所需经费列入本级政府财政预算。

国家对边远贫困地区突发事件应急工作给予财政支持。

第七条　国家鼓励、支持开展突发事件监测、预警、反应处理有关技术的国际交流与合作。

第八条　国务院有关部门和县级以上地方人民政府及其有关部门，应当建立严格的突发事件防范和应急处理责任制，切实履行各自的职责，保证突发事件应急处理工作的正常进行。

第九条　县级以上各级人民政府及其卫生行政主管部门，应当对参加突发事件应急处理的医疗卫生人员，给予适当补助和保健津贴；对参加突发事件应急处理作出贡献的人员，给予表彰和奖励；对因参与应急处理工作致病、致残、死亡的人员，按照国家有关规定，给予相应的补助和抚恤。

第二章　预防与应急准备

第十条　国务院卫生行政主管部门按照分类指导、快速反应的要求，制定全国突发事件应急预案，报请国务院批准。

省、自治区、直辖市人民政府根据全国突发事件应急预案，结合本地实际情况，制定本行政区域的突发事件应急预案。

第十一条　全国突发事件应急预案应当包括以下主要内容：

（一）突发事件应急处理指挥部的组成和相关部门的职责；

（二）突发事件的监测与预警；

（三）突发事件信息的收集、分析、报告、通报制度；

（四）突发事件应急处理技术和监测机构及其任务；

（五）突发事件的分级和应急处理工作方案；

（六）突发事件预防、现场控制，应急设施、设备、救治药品和医疗器械以及其他物资和技术的储备与调度；

（七）突发事件应急处理专业队伍的建设和培训。

第十二条　突发事件应急预案应当根据突发事件的变化和实施中发现的问题及时进行修订、补充。

第十三条　地方各级人民政府应当依照法律、行政法规的规定，做好传染病预防和其他公共卫生工作，防范突发事件的发生。

县级以上各级人民政府卫生行政主管部门和其他有关部门，应当对公众开展突发事件应急知识的专门教育，增强全社会对突发事件的防范意识和应对能力。

第十四条　国家建立统一的突发事件预防控制体系。

县级以上地方人民政府应当建立和完善突发事件监测与预警系统。

县级以上各级人民政府卫生行政主管部门，应当指定机构负责开展突发事件的日常监测，并确保监测与预警系统的正常运行。

第十五条　监测与预警工作应当根据突发事件的类别，制定监测计划，科学分析、综合评价监测数据。对早期发现的潜在隐患以及可能发生的突发事件，应当依照本条例规定的报告程序和时限及时报告。

第十六条　国务院有关部门和县级以上地方人民政府及其有关部门，应当根据突发事件应急预案的要求，保证应急设施、设备、救治药品和医疗器械等物资储备。

第十七条　县级以上各级人民政府应当加强急救医疗服务网络的建设，配备相应的医疗救治药物、技术、设备和人员，提高医疗卫生机构应对各类突发事件的救治能力。

设区的市级以上地方人民政府应当设置与传染病防治工作需要相适应的传染病专科医院，或者指定具备传染病防治条件和能力的医疗机构承担传染病防治任务。

第十八条　县级以上地方人民政府卫生行政主管部门，应当定期对医疗卫生机构和人员开展突发事件应急处理相关知识、技能的培训，定期组织医疗卫生机构进行突发事件应急演练，推广最新知识和先进技术。

第三章　报告与信息发布

第十九条　国家建立突发事件应急报告制度。

国务院卫生行政主管部门制定突发事件应急报告规范，建立重大、紧急疫情信息报告系统。

有下列情形之一的，省、自治区、直辖市人民政府应当在接到报告1小时内，向国务院卫生行政主管部门报告：

（一）发生或者可能发生传染病暴发、流行的；

（二）发生或者发现不明原因的群体性疾病的；

（三）发生传染病菌种、毒种丢失的；

（四）发生或者可能发生重大食物和职业中毒事件的。

国务院卫生行政主管部门对可能造成重大社会影响的突发事件，应当立即向国务院报告。

第二十条　突发事件监测机构、医疗卫生机构和有关单位发现有本条例第十九条规定情形之一的，应当在2小时内向所在地县级人民政府卫生行政主管部门报告；接到报告的卫生行政主管部门应当在2小时内向本级人民政府报告，并同时向上级人民政府卫生行政主管部门和国务院卫生行政主管部门报告。

县级人民政府应当在接到报告后2小时内向设区的市级人民政府或者上一级人民政府报告；设区的市级人民政府应当在接到报告后2小时内向省、自治区、直辖市人民政府报告。

第二十一条　任何单位和个人对突发事件，不得隐瞒、缓报、谎报或者授意他人隐瞒、缓报、谎报。

第二十二条　接到报告的地方人民政府、卫生行政主管部门依照本条例规定报告的同时，应当立即组织力量对报告事项调查核实、确证，采取必要的控制措施，并及时报告调查情况。

第二十三条　国务院卫生行政主管部门应当根据发生突发事件的情况，及时向国务院有关部门和各省、自治区、直辖市人民政府卫生行政主管部门以及军队有关部门通报。

突发事件发生地的省、自治区、直辖市人民政府卫生行政主管部门，应当及时向毗邻省、自治区、直辖市人民政府卫生行政主管部门通报。

接到通报的省、自治区、直辖市人民政府卫生行政主管部门，必要时应当及时通知本行政区域内的医疗卫生机构。

县级以上地方人民政府有关部门，已经发生或者发现可能引起突发事件的情形时，应当及时向同级人民政府卫生行政主管部门通报。

第二十四条　国家建立突发事件举报制度，公布统一的突发事件报告、举报电话。

任何单位和个人有权向人民政府及其有关部门报告突发事件隐患，有权向上级人民政府及其有关部门举报地方人民政府及其有关部门不履行突发事件应急处理职责，或者不按照规定履行职责的情况。接到报告、举报的有关人民政府及其有关部门，应当立即组织对突发事件隐患、不履行或者不按照规定履行突发事件应急处理职责的情况进行调查处理。

对举报突发事件有功的单位和个人，县级以上各级人民政府及其有关部门应当予以奖励。

第二十五条　国家建立突发事件的信息发布制度。

国务院卫生行政主管部门负责向社会发布突发事件的信息。必要时，可以授权省、自治区、直辖市人民政府卫生行政主管部门向社会发布本行政区域内突发事件的信息。

信息发布应当及时、准确、全面。

第四章　应急处理

第二十六条　突发事件发生后，卫生行政主管部门应当组织专家对突发事件进行综合评估，初步判断突发事件的类型，提出是否启动突发事件应急预案的建议。

第二十七条　在全国范围内或者跨省、自治区、直辖市范围内启动全国突发事件应急预案，由国务院卫生行政主管部门报国务院批准后实施。省、自治区、直辖市启动突发事件应急预案，由省、自治区、直辖市人民政府决定，并向国务院报告。

第二十八条　全国突发事件应急处理指挥部对突发事件应急处理工作进行督察和指导，地方各级人民政府及其有关部门应当予以配合。

省、自治区、直辖市突发事件应急处理指挥部对本行政区域内突发事件应急处理工作进行督察和指导。

第二十九条　省级以上人民政府卫生行政主管部门或者其他有关部门指定的突发事件应急处理专业技术机构，

负责突发事件的技术调查、确证、处置、控制和评价工作。

第三十条　国务院卫生行政主管部门对新发现的突发传染病，根据危害程度、流行强度，依照《中华人民共和国传染病防治法》的规定及时宣布为法定传染病；宣布为甲类传染病的，由国务院决定。

第三十一条　应急预案启动前，县级以上各级人民政府有关部门应当根据突发事件的实际情况，做好应急处理准备，采取必要的应急措施。

应急预案启动后，突发事件发生地的人民政府有关部门，应当根据预案规定的职责要求，服从突发事件应急处理指挥部的统一指挥，立即到达规定岗位，采取有关的控制措施。

医疗卫生机构、监测机构和科学研究机构，应当服从突发事件应急处理指挥部的统一指挥，相互配合、协作，集中力量开展相关的科学研究工作。

第三十二条　突发事件发生后，国务院有关部门和县级以上地方人民政府及其有关部门，应当保证突发事件应急处理所需的医疗救护设备、救治药品、医疗器械等物资的生产、供应；铁路、交通、民用航空行政主管部门应当保证及时运送。

第三十三条　根据突发事件应急处理的需要，突发事件应急处理指挥部有权紧急调集人员、储备的物资、交通工具以及相关设施、设备；必要时，对人员进行疏散或者隔离，并可以依法对传染病疫区实行封锁。

第三十四条　突发事件应急处理指挥部根据突发事件应急处理的需要，可以对食物和水源采取控制措施。

县级以上地方人民政府卫生行政主管部门应当对突发事件现场等采取控制措施，宣传突发事件防治知识，及时对易受感染的人群和其他易受损害的人群采取应急接种、预防性投药、群体防护等措施。

第三十五条　参加突发事件应急处理的工作人员，应当按照预案的规定，采取卫生防护措施，并在专业人员的指导下进行工作。

第三十六条　国务院卫生行政主管部门或者其他有关部门指定的专业技术机构，有权进入突发事件现场进行调查、采样、技术分析和检验，对地方突发事件的应急处理工作进行技术指导，有关单位和个人应当予以配合；

任何单位和个人不得以任何理由予以拒绝。

第三十七条　对新发现的突发传染病、不明原因的群体性疾病、重大食物和职业中毒事件，国务院卫生行政主管部门应当尽快组织力量制定相关的技术标准、规范和控制措施。

第三十八条　交通工具上发现根据国务院卫生行政主管部门的规定需要采取应急控制措施的传染病病人、疑似传染病病人，其负责人应当以最快的方式通知前方停靠点，并向交通工具的营运单位报告。交通工具的前方停靠点和营运单位应当立即向交通工具营运单位行政主管部门和县级以上地方人民政府卫生行政主管部门报告。卫生行政主管部门接到报告后，应当立即组织有关人员采取相应的医学处置措施。

交通工具上的传染病病人密切接触者，由交通工具停靠点的县级以上各级人民政府卫生行政主管部门或者铁路、交通、民用航空行政主管部门，根据各自的职责，依照传染病防治法律、行政法规的规定，采取控制措施。

涉及国境口岸和入出境的人员、交通工具、货物、集装箱、行李、邮包等需要采取传染病应急控制措施的，依照国境卫生检疫法律、行政法规的规定办理。

第三十九条　医疗卫生机构应当对因突发事件致病的人员提供医疗救护和现场救援，对就诊病人必须接诊治疗，并书写详细、完整的病历记录；对需要转送的病人，应当按照规定将病人及其病历记录的复印件转送至接诊的或者指定的医疗机构。

医疗卫生机构内应当采取卫生防护措施，防止交叉感染和污染。

医疗卫生机构应当对传染病病人密切接触者采取医学观察措施，传染病病人密切接触者应当予以配合。

医疗机构收治传染病病人、疑似传染病病人，应当依法报告所在地的疾病预防控制机构。接到报告的疾病预防控制机构应当立即对可能受到危害的人员进行调查，根据需要采取必要的控制措施。

第四十条　传染病暴发、流行时，街道、乡镇以及居民委员会、村民委员会应当组织力量，团结协作，群防群治，协助卫生行政主管部门和其他有关部门、医疗卫生机构做好疫情信息的收集和报告、人员的分散隔离、公共卫生措施的落实工作，向居民、村民宣传传染病防治的相关知识。

第四十一条　对传染病暴发、流行区域内流动人口，突发事件发生地的县级以上地方人民政府应当做好预防工作，落实有关卫生控制措施；对传染病病人和疑似传染病病人，应当采取就地隔离、就地观察、就地治疗的措施。对需要治疗和转诊的，应当依照本条例第三十九条第一款的规定执行。

第四十二条　有关部门、医疗卫生机构应当对传染病做到早发现、早报告、早隔离、早治疗，切断传播途径，防止扩散。

第四十三条　县级以上各级人民政府应当提供必要资金，保障因突发事件致病、致残的人员得到及时、有效的救治。具体办法由国务院财政部门、卫生行政主管部门和劳动保障行政主管部门制定。

第四十四条　在突发事件中需要接受隔离治疗、医学观察措施的病人、疑似病人和传染病病人密切接触者在卫生行政主管部门或者有关机构采取医学措施时应当予以配合；拒绝配合的，由公安机关依法协助强制执行。

第五章　法律责任

第四十五条　县级以上地方人民政府及其卫生行政主管部门未依照本条例的规定履行报告职责，对突发事件隐瞒、缓报、谎报或者授意他人隐瞒、缓报、谎报的，对政府主要领导人及其卫生行政主管部门主要负责人，依法给予降级或者撤职的行政处分；造成传染病传播、流行或者对社会公众健康造成其他严重危害后果的，依法给予开除的行政处分；构成犯罪的，依法追究刑事责任。

第四十六条　国务院有关部门、县级以上地方人民政府及其有关部门未依照本条例的规定，完成突发事件应急处理所需要的设施、设备、药品和医疗器械等物资的生产、供应、运输和储备的，对政府主要领导人和政府部门主要负责人依法给予降级或者撤职的行政处分；造成传染病传播、流行或者对社会公众健康造成其他严重危害后果的，依法给予开除的行政处分；构成犯罪的，依法追究刑事责任。

第四十七条　突发事件发生后，县级以上地方人民政府及其有关部门对上级人民政府有关部门的调查不予配合，或者采取其他方式阻碍、干涉调查的，对政府主要领导人和政府部门主要负责人依法给予降级或者撤职的行政处分；构成犯罪的，依法追究刑事责任。

第四十八条　县级以上各级人民政府卫生行政主管部门和其他有关部门在突发事件调查、控制、医疗救治工作中玩忽职守、失职、渎职的，由本级人民政府或者上级人民政府有关部门责令改正、通报批评、给予警告；对主要负责人、负有责任的主管人员和其他责任人员依法给予降级、撤职的行政处分；造成传染病传播、流行或者对社会公众健康造成其他严重危害后果的，依法给予开除的行政处分；构成犯罪的，依法追究刑事责任。

第四十九条　县级以上各级人民政府有关部门拒不履行应急处理职责的，由同级人民政府或者上级人民政府有关部门责令改正、通报批评、给予警告；对主要负责人、负有责任的主管人员和其他责任人员依法给予降级、撤职的行政处分；造成传染病传播、流行或者对社会公众健康造成其他严重危害后果的，依法给予开除的行政处分；构成犯罪的，依法追究刑事责任。

第五十条　医疗卫生机构有下列行为之一的，由卫生行政主管部门责令改正、通报批评、给予警告；情节严重的，吊销《医疗机构执业许可证》；对主要负责人、负有责任的主管人员和其他直接责任人员依法给予降级或者撤职的纪律处分；造成传染病传播、流行或者对社会公众健康造成其他严重危害后果，构成犯罪的，依法追究刑事责任：

（一）未依照本条例的规定履行报告职责，隐瞒、缓报或者谎报的；

（二）未依照本条例的规定及时采取控制措施的；

（三）未依照本条例的规定履行突发事件监测职责的；

（四）拒绝接诊病人的；

（五）拒不服从突发事件应急处理指挥部调度的。

第五十一条　在突发事件应急处理工作中，有关单位和个人未依照本条例的规定履行报告职责，隐瞒、缓报或者谎报，阻碍突发事件应急处理工作人员执行职务，拒绝国务院卫生行政主管部门或者其他有关部门指定的专业技术机构进入突发事件现场，或者不配合调查、采样、技术分析和检验的，对有关责任人员依法给予行政处分或者纪律处分；触犯《中华人民共和国治安管理处罚法》，构成违反治安管理行为的，由公安机关依法予以处罚；构成犯罪的，依法追究刑事责任。

第五十二条　在突发事件发生期间，散布谣言、哄抬物价、欺骗消费者，扰乱社会秩序、市场秩序的，由公安机关或者工商行政管理部门依法给予行政处罚；构成犯罪的，依法追究刑事责任。

第六章　附　则

第五十三条　中国人民解放军、武装警察部队医疗卫生机构参与突发事件应急处理的，依照本条例的规定和军队的相关规定执行。

第五十四条　本条例自公布之日起施行。

附录七

国家突发公共卫生事件应急预案

新华社北京 2006 年 2 月 26 日授权播发

1. 总　则

1.1　编制目的

有效预防、及时控制和消除突发公共卫生事件及其危害，指导和规范各类突发公共卫生事件的应急处理工作，最大程度地减少突发公共卫生事件对公众健康造成的危害，保障公众身心健康与生命安全。

1.2　编制依据

依据《中华人民共和国传染病防治法》、《中华人民共和国食品卫生法》、《中华人民共和国职业病防治法》、《中华人民共和国国境卫生检疫法》、《突发公共卫生事件应急条例》、《国内交通卫生检疫条例》和《国家突发公共事件总体应急预案》，制定本预案。

1.3　突发公共卫生事件的分级

根据突发公共卫生事件性质、危害程度、涉及范围，突发公共卫生事件划分为特别重大（Ⅰ级）、重大（Ⅱ级）、较大（Ⅲ级）和一般（Ⅳ级）四级。

其中，特别重大突发公共卫生事件主要包括：

(1) 肺鼠疫、肺炭疽在大、中城市发生并有扩散趋势，或肺鼠疫、肺炭疽疫情波及2个以上的省份，并有进一步扩散趋势。

(2) 发生传染性非典型肺炎、人感染高致病性禽流感病例，并有扩散趋势。

(3) 涉及多个省份的群体性不明原因疾病，并有扩散趋势。

(4) 发生新传染病或我国尚未发现的传染病发生或传入，并有扩散趋势，或发现我国已消灭的传染病重新流行。

(5) 发生烈性病菌株、毒株、致病因子等丢失事件。

(6) 周边以及与我国通航的国家和地区发生特大传染病疫情，并出现输入性病例，严重危及我国公共卫生安全的事件。

(7) 国务院卫生行政部门认定的其他特别重大突发公共卫生事件。

1.4　适用范围

本预案适用于突然发生，造成或者可能造成社会公众身心健康严重损害的重大传染病、群体性不明原因疾病、重大食物和职业中毒以及因自然灾害、事故灾难或社会安全等事件引起的严重影响公众身心健康的公共卫生事件的应急处理工作。

其他突发公共事件中涉及的应急医疗救援工作，另行制定有关预案。

1.5　工作原则

(1) 预防为主，常备不懈。提高全社会对突发公共卫生事件的防范意识，落实各项防范措施，做好人员、技术、物资和设备的应急储备工作。对各类可能引发突发公共卫生事件的情况要及时进行分析、预警，做到早发现、早报告、早处理。

(2) 统一领导，分级负责。根据突发公共卫生事件的范围、性质和危害程度，对突发公共卫生事件实行分级管理。各级人民政府负责突发公共卫生事件应急处理的统一领导和指挥，各有关部门按照预案规定，在各自的职责范围内做好突发公共卫生事件应急处理的有关工作。

(3) 依法规范，措施果断。地方各级人民政府和卫生行政部门要按照相关法律、法规和规章的规定，完善突发公共卫生事件应急体系，建立健全系统、规范的突发公共卫生事件应急处理工作制度，对突发公共卫生事件和可能发生的公共卫生事件做出快速反应，及时、有效开展监测、报告和处理工作。

(4) 依靠科学，加强合作。突发公共卫生事件应急工作要充分尊重和依靠科学，要重视开展防范和处理突发公共卫生事件的科研和培训，为突发公共卫生事件应急处理提供科技保障。各有关部门和单位要通力合作、资源共享，有效应对突发公共卫生事件。要广泛组织、动员公众参与突发公共卫生事件的应急处理。

2. 应急组织体系及职责

2.1　应急指挥机构

卫生部依照职责和本预案的规定，在国务院统一领导下，负责组织、协调全国突发公共卫生事件应急处理工作，并根据突发公共卫生事件应急处理工作的实际需要，提出成立全国突发公共卫生事件应急指挥部。

地方各级人民政府卫生行政部门依照职责和本预案的规定，在本级人民政府统一领导下，负责组织、协调本行政区域内突发公共卫生事件应急处理工作，并根据突发公共卫生事件应急处理工作的实际需要，向本级人民政府提出成立地方突发公共卫生事件应急指挥部的建议。

各级人民政府根据本级人民政府卫生行政部门的建议和实际工作需要，决定是否成立国家和地方应急指挥部。

地方各级人民政府及有关部门和单位要按照属地管理的原则，切实做好本行政区域内突发公共卫生事件应急处理工作。

2.1.1　全国突发公共卫生事件应急指挥部的组成和职责

全国突发公共卫生事件应急指挥部负责对特别重大突发公共卫生事件的统一领导、统一指挥，作出处理突发公共卫生事件的重大决策。指挥部成员单位根据突发公共卫生事件的性质和应急处理的需要确定。

2.1.2 省级突发公共卫生事件应急指挥部的组成和职责

省级突发公共卫生事件应急指挥部由省级人民政府有关部门组成，实行属地管理的原则，负责对本行政区域内突发公共卫生事件应急处理的协调和指挥，作出处理本行政区域内突发公共卫生事件的决策，决定要采取的措施。

2.2 日常管理机构

国务院卫生行政部门设立卫生应急办公室（突发公共卫生事件应急指挥中心），负责全国突发公共卫生事件应急处理的日常管理工作。

各省、自治区、直辖市人民政府卫生行政部门及军队、武警系统要参照国务院卫生行政部门突发公共卫生事件日常管理机构的设置及职责，结合各自实际情况，指定突发公共卫生事件的日常管理机构，负责本行政区域或本系统内突发公共卫生事件应急的协调、管理工作。

各市（地）级、县级卫生行政部门要指定机构负责本行政区域内突发公共卫生事件应急的日常管理工作。

2.3 专家咨询委员会

国务院卫生行政部门和省级卫生行政部门负责组建突发公共卫生事件专家咨询委员会。

市（地）级和县级卫生行政部门可根据本行政区域内突发公共卫生事件应急工作需要，组建突发公共卫生事件应急处理专家咨询委员会。

2.4 应急处理专业技术机构

医疗机构、疾病预防控制机构、卫生监督机构、出入境检验检疫机构是突发公共卫生事件应急处理的专业技术机构。应急处理专业技术机构要结合本单位职责开展专业技术人员处理突发公共卫生事件能力培训，提高快速应对能力和技术水平，在发生突发公共卫生事件时，要服从卫生行政部门的统一指挥和安排，开展应急处理工作。

3. 突发公共卫生事件的监测、预警与报告

3.1 监测

国家建立统一的突发公共卫生事件监测、预警与报告网络体系。各级医疗、疾病预防控制、卫生监督和出入境检疫机构负责开展突发公共卫生事件的日常监测工作。

省级人民政府卫生行政部门要按照国家统一规定和要求，结合实际，组织开展重点传染病和突发公共卫生事件的主动监测。

国务院卫生行政部门和地方各级人民政府卫生行政部门要加强对监测工作的管理和监督，保证监测质量。

3.2 预警

各级人民政府卫生行政部门根据医疗机构、疾病预防控制机构、卫生监督机构提供的监测信息，按照公共卫生事件的发生、发展规律和特点，及时分析其对公众身心健康的危害程度、可能的发展趋势，及时做出预警。

3.3 报告

任何单位和个人都有权向国务院卫生行政部门和地方各级人民政府及其有关部门报告突发公共卫生事件及其隐患，也有权向上级政府部门举报不履行或者不按照规定履行突发公共卫生事件应急处理职责的部门、单位及个人。

县级以上各级人民政府卫生行政部门指定的突发公共卫生事件监测机构、各级各类医疗卫生机构、卫生行政部门、县级以上地方人民政府和检验检疫机构、食品药品监督管理机构、环境保护监测机构、教育机构等有关单位为突发公共卫生事件的责任报告单位。执行职务的各级各类医疗卫生机构的医疗卫生人员、个体开业医生为突发公共卫生事件的责任报告人。

突发公共卫生事件责任报告单位要按照有关规定及时、准确地报告突发公共卫生事件及其处置情况。

4. 突发公共卫生事件的应急反应和终止

4.1 应急反应原则

发生突发公共卫生事件时，事发地的县级、市（地）级、省级人民政府及其有关部门按照分级响应的原则，作出相应级别应急反应。同时，要遵循突发公共卫生事件发生发展的客观规律，结合实际情况和预防控制工作的需要，及时调整预警和反应级别，以有效控制事件，减少危害和影响。要根据不同类别突发公共卫生事件的性质和特点，注重分析事件的发展趋势，对事态和影响不断扩大的事件，应及时升级预警和反应级别；对范围局限、不会进一步扩散的事件，应相应降低反应级别，及时撤销预警。

国务院有关部门和地方各级人民政府及有关部门对在学校、区域性或全国性重要活动期间等发生的突发公共卫生事件，要高度重视，可相应提高报告和反应级别，确保迅速、有效控制突发公共卫生事件，维护社会稳定。

突发公共卫生事件应急处理要采取边调查、边处理、边抢救、边核实的方式，以有效措施控制事态发展。

事发地之外的地方各级人民政府卫生行政部门接到突发公共卫生事件情况通报后，要及时通知相应的医疗卫生机构，组织做好应急处理所需的人员与物资准备，采取必要的预防控制措施，防止突发公共卫生事件在本行政区域内发生，并服从上一级人民政府卫生行政部门的统一指挥和调度，支援突发公共卫生事件发生地区的应急处理工作。

4.2 应急反应措施

4.2.1 各级人民政府

(1) 组织协调有关部门参与突发公共卫生事件的处理。

(2) 根据突发公共卫生事件处理需要，调集本行政区域内各类人员、物资、交通工具和相关设施、设备参加应急处理工作。涉及危险化学品管理和运输安全的，有关部门要严格执行相关规定，防止事故发生。

(3) 划定控制区域：甲类、乙类传染病暴发、流行时，县级以上地方人民政府报经上一级地方人民政府决定，可以宣布疫区范围；经省、自治区、直辖市人民政府决定，可以对本行政区域内甲类传染病疫区实施封锁；封锁大、中城市的疫区或者封锁跨省（区、市）的疫区，以及封锁疫区导致中断干线交通或者封锁国境的，由国务院决定。对重大食物中毒和职业中毒事故，根据污染食品扩散和职业危害因素波及的范围，划定控制区域。

(4) 疫情控制措施：当地人民政府可以在本行政区域内采取限制或者停止集市、集会、影剧院演出，以及其他人群聚集的活动；停工、停业、停课；封闭或者封存被传染病病原体污染的公共饮用水源、食品以及相关物品等紧急措施；临时征用房屋、交通工具以及相关设施和设备。

(5) 流动人口管理：对流动人口采取预防工作，落实控制措施，对传染病病人、疑似病人采取就地隔离、就地观察、就地治疗的措施，对密切接触者根据情况采取集中或居家医学观察。

(6) 实施交通卫生检疫：组织铁路、交通、民航、质检等部门在交通站点和出入境口岸设置临时交通卫生检疫站，对出入境、进出疫区和运行中的交通工具及其乘运人员和物资、宿主动物进行检疫查验，对病人、疑似病人及其密切接触者实施临时隔离、留验和向地方卫生行政部门指定的机构移交。

(7) 信息发布：突发公共卫生事件发生后，有关部门要按照有关规定作好信息发布工作，信息发布要及时主动、准确把握，实事求是，正确引导舆论，注重社会效果。

(8) 开展群防群治：街道、乡（镇）以及居委会、村委会协助卫生行政部门和其他部门、医疗机构，做好疫情信息的收集、报告、人员分散隔离及公共卫生措施的实施工作。

(9) 维护社会稳定：组织有关部门保障商品供应，平抑物价，防止哄抢；严厉打击造谣传谣、哄抬物价、囤积居奇、制假售假等违法犯罪和扰乱社会治安的行为。

4.2.2 卫生行政部门

(1) 组织医疗机构、疾病预防控制机构和卫生监督机构开展突发公共卫生事件的调查与处理。

(2) 组织突发公共卫生事件专家咨询委员会对突发公共卫生事件进行评估，提出启动突发公共卫生事件应急处理的级别。

(3) 应急控制措施：根据需要组织开展应急疫苗接种、预防服药。

(4) 督导检查：国务院卫生行政部门组织对全国或重点地区的突发公共卫生事件应急处理工作进行督导和检查。省、市（地）级以及县级卫生行政部门负责对本行政区域内的应急处理工作进行督察和指导。

(5) 发布信息与通报：国务院卫生行政部门或经授权的省、自治区、直辖市人民政府卫生行政部门及时向社会发布突发公共卫生事件的信息或公告。国务院卫生行政部门及时向国务院各有关部门和各省、自治区、直辖市卫生行政部门以及军队有关部门通报突发公共卫生事件情况。对涉及跨境的疫情线索，由国务院卫生行政部门向有关国家和地区通报情况。

(6) 制订技术标准和规范：国务院卫生行政部门对新发现的突发传染病、不明原因的群体性疾病、重大中毒事件，组织力量制订技术标准和规范，及时组织全国培训。地方各级卫生行政部门开展相应的培训工作。

(7) 普及卫生知识。针对事件性质，有针对性地开展卫生知识宣教，提高公众健康意识和自我防护能力，消除公众心理障碍，开展心理危机干预工作。

(8) 进行事件评估：组织专家对突发公共卫生事件的处理情况进行综合评估，包括事件概况、现场调查处理概况、病人救治情况、所采取的措施、效果评价等。

4.2.3　医疗机构

(1) 开展病人接诊、收治和转运工作，实行重症和普通病人分开管理，对疑似病人及时排除或确诊。

(2) 协助疾控机构人员开展标本的采集、流行病学调查工作。

(3) 做好医院内现场控制、消毒隔离、个人防护、医疗垃圾和污水处理工作，防止院内交叉感染和污染。

(4) 做好传染病和中毒病人的报告。对因突发公共卫生事件而引起身体伤害的病人，任何医疗机构不得拒绝接诊。

(5) 对群体性不明原因疾病和新发传染病做好病例分析与总结，积累诊断治疗的经验。重大中毒事件，按照现场救援、病人转运、后续治疗相结合的原则进行处置。

(6) 开展科研与国际交流：开展与突发事件相关的诊断试剂、药品、防护用品等方面的研究。开展国际合作，加快病源查寻和病因诊断。

4.2.4　疾病预防控制机构

(1) 突发公共卫生事件信息报告：国家、省、市（地）、县级疾控机构做好突发公共卫生事件的信息收集、报告与分析工作。

(2) 开展流行病学调查：疾控机构人员到达现场后，尽快制订流行病学调查计划和方案，地方专业技术人员按照计划和方案，开展对突发事件累及人群的发病情况、分布特点进行调查分析，提出并实施有针对性的预防控制措施；对传染病病人、疑似病人、病原携带者及其密切接触者进行追踪调查，查明传播链，并向相关地方疾病预防控制机构通报情况。

(3) 实验室检测：中国疾病预防控制中心和省级疾病预防控制机构指定的专业技术机构在地方专业机构的配合下，按有关技术规范采集足量、足够的标本，分送省级和国家应急处理功能网络实验室检测，查找致病原因。

(4) 开展科研与国际交流：开展与突发事件相关的诊断试剂、疫苗、消毒方法、医疗卫生防护用品等方面的研究。开展国际合作，加快病源查寻和病因诊断。

(5) 制订技术标准和规范：中国疾病预防控制中心协助卫生行政部门制订全国新发现的突发传染病、不明原因的群体性疾病、重大中毒事件的技术标准和规范。

(6) 开展技术培训：中国疾病预防控制中心具体负责全国省级疾病预防控制中心突发公共卫生事件应急处理专业技术人员的应急培训。各省级疾病预防控制中心负责县级以上疾病预防控制机构专业技术人员的培训工作。

4.2.5　卫生监督机构

(1) 在卫生行政部门的领导下，开展对医疗机构、疾病预防控制机构突发公共卫生事件应急处理各项措施落实情况的督导、检查。

(2) 围绕突发公共卫生事件应急处理工作，开展食品卫生、环境卫生、职业卫生等的卫生监督和执法稽查。

(3) 协助卫生行政部门依据《突发公共卫生事件应急条例》和有关法律法规，调查处理突发公共卫生事件应急工作中的违法行为。

4.2.6 出入境检验检疫机构

(1) 突发公共卫生事件发生时，调动出入境检验检疫机构技术力量，配合当地卫生行政部门做好口岸的应急处理工作。

(2) 及时上报口岸突发公共卫生事件信息和情况变化。

4.2.7 非事件发生地区的应急反应措施

未发生突发公共卫生事件的地区应根据其他地区发生事件的性质、特点、发生区域和发展趋势，分析本地区受波及的可能性和程度，重点做好以下工作：

(1) 密切保持与事件发生地区的联系，及时获取相关信息。

(2) 组织做好本行政区域应急处理所需的人员与物资准备。

(3) 加强相关疾病与健康监测和报告工作，必要时，建立专门报告制度。

(4) 开展重点人群、重点场所和重点环节的监测和预防控制工作，防患于未然。

(5) 开展防治知识宣传和健康教育，提高公众自我保护意识和能力。

(6) 根据上级人民政府及其有关部门的决定，开展交通卫生检疫等。

4.3 突发公共卫生事件的分级反应

特别重大突发公共卫生事件（具体标准见1.3）应急处理工作由国务院或国务院卫生行政部门和有关部门组织实施，开展突发公共卫生事件的医疗卫生应急、信息发布、宣传教育、科研攻关、国际交流与合作、应急物资与设备的调集、后勤保障以及督导检查等工作。国务院可根据突发公共卫生事件性质和应急处置工作，成立全国突发公共卫生事件应急处理指挥部，协调指挥应急处置工作。事发地省级人民政府应按照国务院或国务院有关部门的统一部署，结合本地区实际情况，组织协调市（地）、县（市）人民政府开展突发公共事件的应急处理工作。

特别重大级别以下的突发公共卫生事件应急处理工作由地方各级人民政府负责组织实施。超出本级应急处置能力时，地方各级人民政府要及时报请上级人民政府和有关部门提供指导和支持。

4.4 突发公共卫生事件应急反应的终止

突发公共卫生事件应急反应的终止需符合以下条件：突发公共卫生事件隐患或相关危险因素消除，或末例传染病病例发生后经过最长潜伏期无新的病例出现。

特别重大突发公共卫生事件由国务院卫生行政部门组织有关专家进行分析论证，提出终止应急反应的建议，报国务院或全国突发公共卫生事件应急指挥部批准后实施。

特别重大以下突发公共卫生事件由地方各级人民政府卫生行政部门组织专家进行分析论证，提出终止应急反应的建议，报本级人民政府批准后实施，并向上一级人民政府卫生行政部门报告。

上级人民政府卫生行政部门要根据下级人民政府卫生行政部门的请求，及时组织专家对突发公共卫生事件应急反应的终止的分析论证提供技术指导和支持。

5. 善后处理

5.1 后期评估

突发公共卫生事件结束后，各级卫生行政部门应在本级人民政府的领导下，组织有关人员对突发公共卫生事件的处理情况进行评估。评估内容主要包括事件概况、现场调查处理概况、病人救治情况、所采取措施的效果评价、应急处理过程中存在的问题和取得的经验及改进建议。评估报告上报本级人民政府和上一级人民政府卫生行政部门。

5.2 奖励

县级以上人民政府人事部门和卫生行政部门对参加突发公共卫生事件应急处理作出贡献的先进集体和个人进

行联合表彰；民政部门对在突发公共卫生事件应急处理工作中英勇献身的人员，按有关规定追认为烈士。

5.3 责任

对在突发公共卫生事件的预防、报告、调查、控制和处理过程中，有玩忽职守、失职、渎职等行为的，依据《突发公共卫生事件应急条例》及有关法律法规追究当事人的责任。

5.4 抚恤和补助

地方各级人民政府要组织有关部门对因参与应急处理工作致病、致残、死亡的人员，按照国家有关规定，给予相应的补助和抚恤；对参加应急处理一线工作的专业技术人员应根据工作需要制订合理的补助标准，给予补助。

5.5 征用物资、劳务的补偿

突发公共卫生事件应急工作结束后，地方各级人民政府应组织有关部门对应急处理期间紧急调集、征用有关单位、企业、个人的物资和劳务进行合理评估，给予补偿。

6. 突发公共卫生事件应急处置的保障

突发公共卫生事件应急处理应坚持预防为主，平战结合，国务院有关部门、地方各级人民政府和卫生行政部门应加强突发公共卫生事件的组织建设，组织开展突发公共卫生事件的监测和预警工作，加强突发公共卫生事件应急处理队伍建设和技术研究，建立健全国家统一的突发公共卫生事件预防控制体系，保证突发公共卫生事件应急处理工作的顺利开展。

6.1 技术保障

6.1.1 信息系统

国家建立突发公共卫生事件应急决策指挥系统的信息、技术平台，承担突发公共卫生事件及相关信息收集、处理、分析、发布和传递等工作，采取分级负责的方式进行实施。

要在充分利用现有资源的基础上建设医疗救治信息网络，实现卫生行政部门、医疗救治机构与疾病预防控制机构之间的信息共享。

6.1.2　疾病预防控制体系

国家建立统一的疾病预防控制体系。各省（区、市）、市（地）、县（市）要加快疾病预防控制机构和基层预防保健组织建设，强化医疗卫生机构疾病预防控制的责任；建立功能完善、反应迅速、运转协调的突发公共卫生事件应急机制；健全覆盖城乡、灵敏高效、快速畅通的疫情信息网络；改善疾病预防控制机构基础设施和实验室设备条件；加强疾病控制专业队伍建设，提高流行病学调查、现场处置和实验室检测检验能力。

6.1.3　应急医疗救治体系

按照“中央指导、地方负责、统筹兼顾、平战结合、因地制宜、合理布局”的原则，逐步在全国范围内建成包括急救机构、传染病救治机构和化学中毒与核辐射救治基地在内的，符合国情、覆盖城乡、功能完善、反应灵敏、运转协调、持续发展的医疗救治体系。

6.1.4　卫生执法监督体系

国家建立统一的卫生执法监督体系。各级卫生行政部门要明确职能，落实责任，规范执法监督行为，加强卫生执法监督队伍建设。对卫生监督人员实行资格准入制度和在岗培训制度，全面提高卫生执法监督的能力和水平。

6.1.5　应急卫生救治队伍

各级人民政府卫生行政部门按照“平战结合、因地制宜，分类管理、分级负责，统一管理、协调运转”的原则建立突发公共卫生事件应急救治队伍，并加强管理和培训。

6.1.6　演练

各级人民政府卫生行政部门要按照“统一规划、分类实施、分级负责、突出重点、适应需求”的原则，采取定期和不定期相结合的形式，组织开展突发公共卫生事件的应急演练。

6.1.7 科研和国际交流

国家有计划地开展应对突发公共卫生事件相关的防治科学研究，包括现场流行病学调查方法、实验室病因检测技术、药物治疗、疫苗和应急反应装备、中医药及中西医结合防治等，尤其是开展新发、罕见传染病快速诊断方法、诊断试剂以及相关的疫苗研究，做到技术上有所储备。同时，开展应对突发公共卫生事件应急处理技术的国际交流与合作，引进国外的先进技术、装备和方法，提高我国应对突发公共卫生事件的整体水平。

6.2 物资、经费保障

6.2.1 物资储备

各级人民政府要建立处理突发公共卫生事件的物资和生产能力储备。发生突发公共卫生事件时，应根据应急处理工作需要调用储备物资。卫生应急储备物资使用后要及时补充。

6.2.2 经费保障

应保障突发公共卫生事件应急基础设施项目建设经费，按规定落实对突发公共卫生事件应急处理专业技术机构的财政补助政策和突发公共卫生事件应急处理经费。应根据需要对边远贫困地区突发公共卫生事件应急工作给予经费支持。国务院有关部门和地方各级人民政府应积极通过国际、国内等多渠道筹集资金，用于突发公共卫生事件应急处理工作。

6.3 通信与交通保障

各级应急医疗卫生救治队伍要根据实际工作需要配备通信设备和交通工具。

6.4 法律保障

国务院有关部门应根据突发公共卫生事件应急处理过程中出现的新问题、新情况，加强调查研究，起草和制订并不断完善应对突发公共卫生事件的法律、法规和规章制度，形成科学、完整的突发公共卫生事件应急法律和规章体系。

国务院有关部门和地方各级人民政府及有关部门要严格执行《突发公共卫生事件应急条例》等规定，根据本预案要求，严格履行职责，实行责任制。对履行职责不力，造成工作损失的，要追究有关当事人的责任。

6.5 社会公众的宣传教育

县级以上人民政府要组织有关部门利用广播、影视、报刊、互联网、手册等多种形式对社会公众广泛开展突发公共卫生事件应急知识的普及教育，宣传卫生科普知识，指导群众以科学的行为和方式对待突发公共卫生事件。要充分发挥有关社会团体在普及卫生应急知识和卫生科普知识方面的作用。

7. 预案管理与更新

根据突发公共卫生事件的形势变化和实施中发现的问题及时进行更新、修订和补充。

国务院有关部门根据需要和本预案的规定，制定本部门职责范围内的具体工作预案。

县级以上地方人民政府根据《突发公共卫生事件应急条例》的规定，参照本预案并结合本地区实际情况，组织制定本地区突发公共卫生事件应急预案。

8. 附　则

8.1 名词术语

重大传染病疫情是指某种传染病在短时间内发生、波及范围广泛，出现大量的病人或死亡病例，其发病率远远超过常年的发病率水平的情况。

群体性不明原因疾病是指在短时间内，某个相对集中的区域内同时或者相继出现具有共同临床表现病人，且病例不断增加，范围不断扩大，又暂时不能明确诊断的疾病。

重大食物和职业中毒是指由于食品污染和职业危害的原因而造成的人数众多或者伤亡较重的中毒事件。

新传染病是指全球首次发现的传染病。

我国尚未发现传染病是指埃博拉、猴痘、黄热病、人变异性克雅氏病等在其他国家和地区已经发现，在我国尚未发现过的传染病。

我国已消灭传染病是指天花、脊髓灰质炎等传染病。

8.2 预案实施时间

本预案自印发之日起实施。